해 뜨니
낮이요,

달 뜨니
밤이로다

해 뜨니
낮이요,

달 뜨니
밤이로다

조계종
출판사

일러두기

- 본 도서에 실린 내용은 지난 2013년 4월 24일부터 5월 2일까지 서울 조계사에서 있었던 '간화선 중흥법회'의 설법 내용을 지면에 옮긴 것이다.
- 법문은 모두 법문이 진행되었던 순으로 실었다.
- 설법 시 각 스님들께서 취하신 행동 중 일부는 '[ ]'에 넣어 고딕체로 처리하였다.
- 본문 내용은 법회의 구어체를 그대로 사용했다.

추천사

대한불교조계종
총무원장
자승 慈乘

우리 종단은 종헌에 종명을 조계종으로, 직지인심 견성성불 전법도생 直指人心 見性成佛 傳法度生을 종지로 한다고 밝히고 있습니다. 이 말은 우리 조계종이 선종을 표방하고 있으며, 그 수행법의 요체가 바로 간화선 看話禪이라는 것을 밝히고 있는 것입니다.

흔히 간화선을 불교의 최상승 수행법이라고 말하고, 21세기 문명사회와 인류의 정신세계를 이끌 대안 사상이라고 이야기합니다. 그래서 간화선 수행의 전통을 오롯이 갖추고 있는 우리 조계종이 이와 같은 문명사적 역할을 담보하고 있다고 말합니다.

본래의 성품자리를 바로 보고 단박에 여래의 경지에 들어가는 간화선은 온갖 말의 향연이 끊어지고, 마음속의 갖가지 번뇌가 끊어진[言語道斷, 心行處滅] 자리에서 화두라는 의심 덩어리 하나에 집중할 때 그 깨달음의 길이 열립니다. 때문에 온갖 주의주장과 삿된 이론들이 난무하는 현대사회를 진정시킬 수 있는 대안임에 분명합니다.

그리고 간화선의 수행을 통해 이 마음이 곧 부처이고[卽心是佛], 평상심이 곧 도[平常心是道]인 평온한 세상을 열 수 있습니다. 그래서 간화선이 21세기 문명을 이끌 대안 사상이라는 점에 이의가 없을 것입니다.

한편으로는 21세기를 맞아 간화선의 위기가 도래했다는 이야기도 들리고 있습니다. 현대인들은 말을 쫓아가고, 이해가 수반되어야 믿음을 갖는 시대가 되었기 때문입니다. 이런 바람이 불가에도 불어와 수행풍토가 어지러워지고, 스님들 가운데서도 여러 외래 선禪을 수용하고 있습니다.

이와 같은 현상은 우리 종단이 간화선을 널리 알리고 이해시키는 노력이 부족하였고, 다른 한편으로는 간화선에 대한 부정적인 인식이 많이 퍼진 결과입니다. 또 다른 한편에서는 평생 수행에 매진한 스님들이 마음 놓고 수행을 할 수 있는 구조가 만들어지지 않았기 때문입니다. 더욱이 사찰의 오랜 전통인 객실문화가 사라짐에 따라 그 어려움은 가중되고 있습니다.

지금은 이러한 상황을 타개하고 간화선을 중흥시키는 노력이 필요한 시기라고 할 수 있습니다. 아울러 선 수행을 하는 스님들이 오로지 수행에만 매진할 수 있는 여건을 만드는 것 역시 당면한 과제입니다.

2013년 봄, 봄꽃 향기와 함께 간화선의 향연이 열렸습니다. 조계종과 전국선원수좌회가 주최하고 재단법인 대한불교조계종 선원수좌복지회가 주관한 '간화선 대법회'가 그것입니다. 2013년 4월 24일부터 5월 2일까지 9일간 서울 조계사에서 거행된 이 법회는 '간화선 중흥'과 '수좌복지 외호기금 마련'이라는 두 가지 목표를 성취하기 위해 진행되었습니다.

선禪이 21세기 문명을 이끌 대안 사상이라고 전가의 보도처럼 이야기하지만 구슬이 서 말이라도 꿰어야 보배이듯이 간화선을 대중화하고 세계화하는 노력이 없이는 현대인들에게 다가갈 기회조차 만들 수 없습니다. 또한 수행을 이끌어가는 스님들이 올곧이 수행할 수 있는 환경과 풍토를 만드는 것 역시 간화선 중흥의 중요한 관건입니다. 그래서 간화선 중흥과 수좌복지 외호기금 마련을 위한 간화선 대법회는 이 두 가지 목적을 동시에 달성할 수 있는 좋은 계기가 되었다고 생각합니다.

이 법회에는 진제 법원 종정예하를 비롯하여 석종사 금봉선원장이신 금아 혜국 대선사, 용화사 회주이시자 원로의원이신 미룡 월탄 대종사, 학림사 오등선원 조실이시며 원로의원이신 학산 대원 대종사, 축서사 문수선원장이신 금곡 무여 대선사, 덕숭총림 방장이신 송원 설정 대종사, 지리산 상무주암 수좌이신 두암 현기 대선사,

죽림정사 조실이시며 원로의원이신 불심 도문 대종사, 그리고 문수산 금봉암주이시고 원로의원이신 은암 고우 대종사 등 이 시대를 대표하는 아홉 분의 선지식들께서 법문에 임해 주셨습니다.

따스한 기운이 가득한 가운데 9일 동안 이어진 법석에서 스님들께서는 간화선을 통해 생의 의문을 해결하고 진리로 나아가는 문을 열어 주셨습니다. 스님들께서는 한결같이 '주인공의 진면목을 보라'고 말씀하고 계십니다. 그 진면목은 돈이나 권력, 명예로 얻을 수 없는 것이며 간화선을 통해 생각의 한계가 끊어질 때 문득 생사윤회를 벗어나 진실한 본성을 볼 수 있다고 말씀하고 계십니다. 그런 가르침이 온전히 우리에게 전해지고 있는 것이 얼마나 큰 행복인가를 말씀하고 계십니다.

오늘 발간되는 이 책은 바로 그 법문을 모은 간화선의 정수精髓로서 지금 이 땅을 살아가고 있는 모든 대중을 향해 열린 진리의 문이자 행복의 열쇠입니다. 그러나 이 문은 누가 연 것이 아니라 이미 열려져 있는 것입니다. 이미 열려져 있는 이 문을 통해 본래 청정한 자성의 모습을 확인하시기 바랍니다.

머리말

대한불교조계종
선원수좌복지회 대표이사

의정義正

혜능慧能 선사는 자성청정심自性淸淨心으로 위대한 조사선을 창립하셨고, 임제臨濟 선사는 일할一喝로 조사선을 꽃피웠으며, 대혜大慧 선사는 활구活句로 간화선看話禪 시대를 열었습니다.

보조普照 지눌知訥 선사는 간화경절看話徑截로 고려에 간화선을 정착시켰고, 태고太古 보우普愚 선사는 무자타파無字打破로 임제정맥을 계승하였으며, 서산西山 선사는 오계성오鷄聲으로 통불교通佛敎를 전승하였습니다. 그리고 현대現代에는 남진제南眞際 선사, 북송담北松潭 선사가 살활자재殺活自在로 후학을 지도하고 계십니다.

생전 탄허 스님은 머지않은 장래에 한국이 세계역사의 중심에 서게 될 것이라 하신 바 있습니다. 실제로 프랑스의 미래학자 자크 아탈리를 비롯한 많은 미래학자들은 인류문명의 중심이 극동아시아로 이동하고 있다고 주장하기도 합니다. 이는 미래사회는 아시아에 의해 움직여지고, 그 변화의 동력은 동양 사상, 즉 선 사상이 된다는 의미이기도 합니다.

이러한 변화의 시대에 지난 2013년 종정 예하를 비롯한 아홉 분의 선지식을 모시고 봉행한 간화선 대법회는 참으로 뜻깊은 행사였습니다. 한 분 한 분 큰스님들께서 토해 내시는 사자후에 새롭게 수행의 눈을 뜨고, 신심을 다지는 불자들의 환희심에 찬 얼굴을 보며 한국불교의 희망찬 미래를 보는 듯했습니다. 우리 모두가 함께 느꼈던 그 감동의 법석은 간화선풍 진작을 위한 아홉 분 큰스님들의 노고가 아니었다면 불가능했을 일입니다.
오늘 그날의 환희심을 되살려 아홉 분 큰스님의 법어를 모아 한 권의 책으로 엮었습니다. 말씀으로 하신 법문을 활자로 다시 만난다는 것은 큰 기쁨이라 생각하며 귀한 법문이 책으로 만들어지기까지 수고하신 모든 분들의 노고에 감사드립니다. 또한 불자들의 성원과 요청에 보답하기 위해 가능한 2~3년에 한 번씩 지방을 순회하며 간화선 대법회를 마련할 것을 지면을 통해 약속드립니다.

오늘도 전국의 선원과 토굴에서 2,300여 명의 수행자들이 밤을 낮 삼아 열심히 정진하고 있습니다. 이러한 수행자들의 수행 공덕은, 한국사회에 문화복지로 회향되리라 믿으며 (재)대한불교조계종 선원수좌복지회에서는 수좌들이 수행에 전념할 수 있는 수행공동체 회복을 위한 노력을 아끼지 않을 것입니다. 이러한 꿈의 실현을 위해 이 법문집을 통해 새롭게 만나게 될 많은 분들의 참여와 질책을 바랍니다.

차례

추천사 5
머리말 9

진제 법원 종정예하　14
간화선, 최상승의 경절문

금아 혜국 대선사　36
언제 어디서나 주인공인 삶

미룡 월탄 대종사　60
완전한 행복은 어디에서 오는가

학산 대원 대종사　86
닦아서 얻어지는 것이 아닌 것

금곡 무여 대선사　112
선, 행복으로 가는 길

송원 설정 대종사　132
나를 사랑하듯 남도 사랑하라

두암 현기 대선사　150
머무름이 없는 마음

불심 도문 대종사　168
한국불교 세계화의 근원을 묻다

은암 고우 대종사　194
중도 사상과 마음의 평화

부록 – 수행체계 간화선 지도　219

진제 법원
종정예하

1953　석우 스님을 은사로 득도
2003　원로의원
2004　대종사(現)
2011　미국 뉴욕 리버사이드 교회 간화선 대법회 법주
2012　대한불교조계종 제13대 종정(現)
2013　대한불교조계종 제9교구 팔공총림 동화사 방장(現)

·
간화선 看話禪,
최상승 最上乘 의
경절문 徑截門
·

[상당上堂하시어 주장자拄杖子를 들어 대중에게 보이시고]

一念正坐一須臾　일념정좌일수유
勝造恒沙七寶塔　승조항사칠보탑
寶塔畢竟化爲塵　보탑필경화위진
一念淨心成正覺　일념정심성정각

한 생각 바로 앉아 찰나를 지나면
항하의 모래알 숫자와 같은 칠보탑을 조성하는 공덕을 지나감이라.
보배탑은 세월이 흘러 필경에는 흔적도 없거니와
한 생각 바른 신심은 깨달음을 성취함이로다.

부처님께서 깨달으신 가장 높은 진리의 도道는 오직 한 줄기가 중국으로 건너와 크게 흥하다 한국으로 건너왔는데, 지금은 오직 우리나라에만 남아 있습니다. 부처님께서 가지가지 근기根機의 중생을 위해 가지가지의 명상법과 마음 닦는 수행법을 베풀어 주셨지만, 최상승最上乘 수행법인 견성법見性法만큼은 뭇 중생이 알아 가지질 못하였습니다. 그러나 다행히도 오직 가섭 존자만이 견성법을 얻어 가져 부처님과 이심전심以心傳心하니, 비로소 부처님의 심인법心印法이 가섭, 아난을 좇아 28조 달마 대사에 이르러 중국으로 건너와 지금은 단 한 가닥 한국에 내려오고 있습니다.

역대의 모든 불조佛祖께서 심인법이 끊이지 않도록 노심초사 간절하게 견성법을 지도하였는데, 2,500여 년이 흐른 오늘날까지도 한국의 선불장選佛場에서 이렇듯 재현되고 있으니 얼마나 다행스러운 일인지 모릅니다. 그런데 요즘 들어 부처님께서 근기에 맞추어 가르치는 데 불과했던 관법觀法 수행이 선원 내에서도 유포된다 하니 안타까운 마음입니다. 이 견성법에는 맞는 근기가 따로 있는 것이 아닙니다. 모든 근기를 아우르는 수행법이요, 일체의 방편을 구하지 않고 바로 여래지如來地에 이르는 경절문徑截門이며, 눈 밝은 선지식을 만나 바르게만 지도받는다면 한생을 다해 마칠 수 있는 참선 수행법입니다.

혹자는 이러한 간화선看話禪 견성법이 중국에서 만들어졌다고 말하지만 실은 부처님께서 간화선이라는 표현을 쓰시지 않으셨을 뿐입니다. 부처님께서도 일생토록 '어떻게 하면 생로병사에서 벗어나겠는가?' 하는 간절한 의심 한 생각으로 6년간 삼매三昧에 드셨는데 머리에 새가 집을 지어도 모르셨습니다. 그러다가 그동안 배우고 닦아 왔던 모든 수행법들을 다 내려놓고 일주일 동안 오로지 일생토록 의심해 왔던 '생로병사 해탈解脫'의 깊은 의심삼매에 들어 있다가 새벽녘에 홀연히 동쪽 하늘의 샛별이 반짝이는 모습을 보시고 대오견성大悟見性하셨습니다. 이것이 바로 간화선 견성법입니다. 이후로도 부처님께서는 '염화미소拈花微笑', '다자탑전분반좌多子塔前分半座', '곽시쌍부槨示雙趺'의 삼처전심三處傳心을 통해 최상승 진리의 세계를 열어 보이셨고, 이러한 견성법으로 법을 전하신 것입니다.

그러면 어떻게 닦는 것이 바른 참선 수행법인가? 화두가 있는 이는 각자 화두를 참구하시고, 화두가 없는 이는 일상생활 속에 마음에서 우러나오는 간절함으로 화두를 오매불망 의심하는 것입니다.

"부모에게 이 몸 받기 전 어떤 것이 참 나인가?"

이 몸뚱이는 숨 한 번 들이마시고 내쉬지 못하면 바로 다음 생이라, 생生과 사死가 마치 옷 갈아입는 것과 같아서 '참 나'라고 할 수 없습니다. 영원토록 변치 않는 참 나를 찾아야 합니다.

그러니 일상생활 가운데 하루에도 천 번 만 번 '부모에게 나기 전 어떤 것이 참 나인가?' 하고 끊임없이 화두를 챙기고 의심을 밀어주어야 합니다. 이렇게 끊임없이 화두를 챙기고 의심을 밀어주라는 이유는, 마치 촌村의 방앗간에서 방아를 찧기 위해 시동을 거는데, 한 번 시동이 걸리면 하루 종일 방아를 돌릴 수 있는 것과 마찬가지로, 무한한 노력 가운데 문득 참 의심이 시동 걸리게 하기 위해서입니다. 그렇게 화두 한 생각에 시동이 걸리면 그때는 흐르는 시냇물과 같이 끊어짐 없이 화두의심이 흘러가는데, 사물이 보여도 보는 감각이 없고 소리가 들려도 듣는 감각이 없어서 마치 목석과 같은 바보가 되어 버립니다. 그렇게 간절한 화두의심 한 생각으로 보고 듣는 것이 다 마비가 된 바보가 되어 한 달이고 일 년이고 십 년이고 시간이 흐르고 흐르다가, 홀연히 사물을 보는 찰나에, 소리를 듣는 찰나에 화두가 박살이 남과 동시에 자기의 참 성품을 보게 되는 것입니다. 성품을 보게 되면 한 걸음도 옮기지 않고 부처님 땅에 이르러 너도 장부丈夫요, 나도 부처가 되어 모든 불조와 어깨를 나란히 하게 되는 것입니다. 이를 일러 견성見性이라 합니다.

모든 부처님과 조사 스님들께서 바로 이런 심심미묘甚深微妙한 견성법을 전하고 전하신 것이며, 그 견성법이 오직 한 가닥 이곳 한국에 머물러 있는 것입니다. 그러니 우리가 얼마나 복된 인연으로 이토록 귀한 견성법을 만났는지를 알아 소소한 마음 챙기는 수행법에 눈 돌리지 말고, 세세생생 만나기 힘든 인간 몸 만났으니 이번 생은 태어나지 않은 셈치고 부처님의 대도大道를 이루겠다는 작심을 하여 정진精進에 임해야겠습니다.

그러면 간화선 수행법의 좋은 예로 산승의 구도求道 과정을 말씀드릴까 합니다. 산승은 남해에서 태어나 자랐습니다. 그때 우연히 절에 자주 다니던 친척 어른을 따라 동네에서 십 리쯤 떨어진 곳에 있던 해관암海觀庵이라는 조그마한 사찰에 갔다가, 석우石友 선사를 친견親見한 것이 출가의 인연이 되었습니다.

당시 석우 선사는 승속을 막론하고 당대에 가장 존경받는 선승이셨고, 대도인으로 명성이 자자했던 분이셨습니다. 해제철만 되면 제방에서 정진하던 스님들이 한 철 공부를 점검받기 위해 그 먼 남해의 섬까지 석우 선사를 찾았습니다.

석우 선사께서 산승을 보시더니 곧장 물으셨습니다.

"세상의 생활도 좋지만 그보다 더 값진 삶이 있으니, 네가 한번 해보지 않겠느냐?"

"무엇이 그리 값진 삶입니까?"

"범부凡夫가 위대한 부처 되는 법이 있으니, 이 세상에 한 번 태어나지 않은 셈치고 그 법을 구해 보지 않겠느냐?"

선사님의 그 말씀에 왠지 모르게 마음이 끌리게 되었습니다. 그래서 수행하는 스님들의 생활을 유심히 살펴보니, 세상에서는 볼 수 없는 청정한 생활 속에서 수행하며 살고 있는 것이었습니다. 큰 환희심이 우러나오면서 마음의 결심을 하고 부모님께 허락을 얻어 출가해 행자 생활이 시작되었습니다. 선사님 시봉에 공양주 소임, 땔감나무 구하기, 채소 가꾸기 같은 일들이 매일같이 반복되었습니다. 그러던 중 1954년 석우 선사께서 해인사 조실로 추대되셔서 모시고 시봉하다가 그해 사미계를 받았습니다.

그 후 조계종 초대 종정宗正으로 추대되셔서, 동화사로 거처를 옮겨 종정 스님 시자로 공양주를 하면서 다시 모셨습니다. 하루는 종정 스님께 야단을 맞았습니다. 야속하고 답답한 마음에, 섣달 그믐날 대중들이 팔공산 산봉우리에 등산을 하러 간다기에 따라 나서게 되었습니다. 어떤 스님이 정진하던 토굴이 하나 있었는데, 내려오는 길에 들러 보니 토굴은 비어 있고 양식도 조금 남아 있었습니다. 이에 같이 간 대중 몇 사람이 "우리가 여기에서 일주일 용맹정진勇猛精進을 하자"는 의견을 내놓았고, 다들 그 자리에서 용맹정진 발심이 일어나 일주일간 지내다 내려왔습니다.

시봉한다는 사람이 노스님께 알려 드리지도 않고 허락 없이 일주일간 토굴에서 용맹정진을 하다 왔으니, 석우 선사께서는 "어른이 시키는 대로 하지 않고 제멋대로 온갖 것을 다 하려고 한다"며 호통을 치셨습니다. 그러나 선사께서는 저의 참학의지參學意志를 아시고 '부모미생전 본래면목父母未生前本來面目' 화두를 주셨습니다.

산승이 24세 되던 해(1957) 강원을 마치고 여름 해제 후, 종정 스님의 허락을 받아 걸망을 짊어지고 선문禪門에 들어서 운수행각雲水行脚의 길에 올랐습니다. 첫 행선지가 태백산 각화사 동암東庵이었는데 당시에는 각화사나 동암 모두 비어 있었습니다. 동암에 가니 자잘한 피감자가 가마니에 덮여 있어서 감자를 양식으로 삼고는 모든 반연攀緣을 끊고 오로지 정진만 하겠다는 각오로 밤낮으로 정진에 몰두했습니다. 그렇게 혼자 두 달을 지냈습니다. 그런데 어느 날 도반이 각화사 주지를 맡게 되어 올라와서는 끼니도 변변찮은 것을 걱정하며 함께 내려가서 살자고 자꾸 청하는 바람에, '같이 있다가는 공부가 안 되겠다' 싶어 바랑을 싸서는 선산 도리사로 갔습니다.

도리사에서 일고여덟 분의 수좌首座 스님들과 동안거를 나게 되었는데, 밤 9시가 되어 방선放禪하면 잠시 누웠다가 대중이 모두 잠든 후 조용히 일어나 두세 시간 포행정진하며 하루하루를 빈틈없이 정진하였습니다.

어느 날 참선 도중 반짝 떠오르는 조그마한 지견知見을 가지고서 '알았다'는 잘못된 소견을 갖게 되었습니다. 참구하던 것을 다 놓아 버리고는 해제 날만 기다리던 중 은사 스님이시자 초대 종정이시던 석우 선사께서 열반에 드셨다는 부고訃告를 받아 동화사로 가 다비를 치렀습니다.

그리고는 당시 대도인으로 명성이 자자했던, 경남 월내月內 묘관음사에 주석하시던 향곡香谷 선사를 찾아갔습니다.

향곡 선사께서 대뜸 물으시기를, "일러도 삼십방三十棒이요, 이르지 못해도 삼십방이니 어떻게 하려느냐?" 하셨습니다. 산승이 말을 못하고 우물쭈물하자, 향곡 선사께서는 '남전참묘南泉斬猫' 법문을 들려주셨습니다.

옛날 남전南泉 선사 회상에 700명 대중이 모여 참선정진을 하던 때 고양이 한 마리가 있었습니다. 법당을 기준으로 동쪽 선방에서 참선하는 스님들은 그 고양이를 동쪽 선방 고양이라 하고, 서쪽 선방에서 참선하는 스님들은 그 고양이를 서쪽 선방 고양이라 해서 시비가 자주 일었습니다. 남전 선사께서 그 광경을 보시고는 시자를 불러 운집종을 치라 하시니, 700명 대중이 하던 일을 모두 멈추고 법당에 다 모여들었습니다. 남전 선사께서 법상에 올라 시자에게 명하셨습니다.

"시자야, 고양이를 잡아 오고, 칼도 가져오너라."

시자가 고양이와 칼을 남전 선사에게 올리니, 남전 선사께서 고양이를 들고 말씀하셨습니다.

"동쪽 선방에서 참선하는 스님들은 이 고양이를 동쪽 선방 고양이라 하고, 서쪽 선방에서 참선하는 스님들은 서쪽 선방 고양이라 하니, 지금 이 고양이에 대해서 분명히 한마디 이르는 자가 있으면 고양이를 살려두거니와 만약 바른 답을 못하면 이 고양이를 두 동강 내리라."

700명 대중이 '내 고양이, 네 고양이'만 했지 남전 선사가 고양이를 들고 이르라는 뜻을 아무도 몰랐습니다. 대중이 답을 못하니 남전 선사께서는 약속대로 칼로 고양이를 두 동강 내서 던져 버렸습니다. 고양이를 던져 버리고 조실방에서 편안히 쉬고 있는데, 당신의 아끼는 제자 조주趙州 스님이 밖에 볼일이 있어 나갔다 돌아와서 인사를 올리니, 남전 선사께서 물으셨습니다.

"오늘 대중에게 고양이 법문이 있었는데, 그대가 만약 그 자리에 있었다면, 고양이를 들고 이르라고 할 때에 뭐라고 답을 하겠느냐?"

이에 조주 스님이 신발을 머리에 이고 밖으로 나가 버렸습니다. 이것을 보고 남전 선사께서 말씀하셨습니다.

"그대가 만약 그 대중 가운데 있었더라면, 고양이를 살릴 수 있었을 텐데……."

향곡 선사께서 "남전 선사의 참묘법문 가운데 '조주 선사께서 신발을 머리에 이고 나가신 것'에 대해서 한마디 일러 보아라" 하고 물으셨는데, 산승은 여기서도 바른 답을 하지 못하였습니다. '알았다'고 자신만만해 있었는데 그만 여지없이 방망이를 맞은 것입니다. 그렇지만 그 당시에는 산승이 선지식善知識에 대한 믿음이 정립되어 있지 않았던 때라, 그 '알았다'는 생각을 쉽게 놓아 버릴 수가 없었습니다. 그래서 제방을 행각하고 당시 선지식으로 유명하였던 고승들을 거의 다 참방하면서 2년여 시간을 허비하게 되었습니다.

세월을 그렇게 보내다가 26살 때 오대산 상원사에서 7, 8명의 선객 스님들과 동안거를 지내게 되었습니다. 그때의 생활이 얼마나 궁핍했는지, 방석 하나를 가지고 정진할 때에는 방석으로 쓰고, 잘 때에는 배를 덮고 잤습니다. 먹는 것도, 두부가 먹고 싶다 해서 겨울철에 딱 한 번 울력을 해서 만들어 먹었을 뿐, 석 달을 배추김치 하나로 지냈습니다. 과일도 얼마나 귀했는지, 원주院主가 하루는 어디를 다녀오면서 사과를 구해 왔는데, 석 달 동안 각각 한 개 반씩만 나눠 먹을 정도로 아주 어렵게 공부를 했습니다. 춥기는 또 얼마나 추운지, 숭늉을 방에 떠 놓으면 얼 정도였고, 눈이 오면 처마 밑까지 쌓였었는데, 지금은 상상하기 어려울 정도로 아주 힘들게 공부했었습니다.

그렇게 정진을 하던 중, 유달리 포근한 날이 있어 남쪽 마루에 앉아 문득 자신을 반조反照하게 되었습니다. '내가 정말로 견성을 했느냐? 견성을 했으면 일일법문一一法門에 전광석화電光石火와 같이 바로 바른 답이 나와야 되거늘 왜 그렇지 못하는가? 내가 나를 속여서야 되겠느냐! 이것은 큰 잘못됨이 있으니 내가 이 소견을 가지고 만족을 한다면 아무 쓸 곳이 없다. 백지 상태에서 다시 출발해야겠다. 나를 속이고 모든 이를 속이면 죄가 이만저만 아니다'라고 생각하며 스스로를 반성하게 되었습니다. 이렇게 '알았다' 하는 잘못된 소견을 놓아 버리고, 다시 공부를 시작하리라는 결심을 세우며, 이전과 같은 오류에 빠지지 않기 위해서는 반드시 눈 밝은 선지식을 의지하여 공부해야만 한다는 인식을 분명히 갖게 되었습니다.

그러니 문답 과정에서 언하言下에 '옳다, 그르다' 칼질하셨던 향곡 선사 한 분께만 확고한 믿음이 서게 되었습니다. 해제하자마자 향곡 선사 회상會上을 찾아갔습니다. 향곡 선사께 예를 올리고 말씀드렸습니다.

"이 일을 마칠 때까지 스님을 의지해서 공부하려고 왔습니다. 화두를 하나 내려 주십시오."

향곡 선사께서 말씀하셨습니다.

"이 어려운 관문關門을 네가 어찌 해결할 수 있겠느냐? 못한다!"

다시 분명히 선을 그어 말씀드렸습니다.

"신명身命을 다 바쳐서 해 보겠습니다. 이 관문을 뚫기 전에는 절대 바랑 지고 산문山門을 나가지 않겠습니다."

이렇게 굳은 의지를 보여 드리니, 그때서야 향곡 선사께서 '향엄상수화香嚴上樹話' 화두를 내려 주셨습니다.

"어떤 사람이 아주 높은 나무 위에서 입으로만 나뭇가지를 물고 손으로 가지를 잡거나 발로 가지를 밟지도 않고 매달려 있을 때, 나무 밑에서 지나가는 이가 달마 스님이 서역에서 중국으로 오신 뜻[祖師西來意]을 묻는 데 있어서, 대답하지 않으면 묻는 이의 뜻에 어긋나고, 만약 대답한다면 수십 길 낭떠러지에 떨어져 목숨을 잃게 될 것이다. 이러한 때를 당하여 어찌해야 되겠느냐?"

이 화두를 들고 2년여 동안 생사를 떼어 놓고 공부하였는데, 드디어 28세 되던 가을에, 새벽예불을 드리러 올라가다가 마당의 돌부리에 걸려 넘어져 일어나는 차제에 화두가 박살이 났습니다. 그동안 동문서답東問西答하던 것이 다 해결된 것입니다. 그때서야 맛을 알았습니다. 종전에 안 것은 아무것도 아니었습니다.

그래서 게송을 지어 바쳤습니다.

這箇拄杖幾人會　자개주장기인회
三世諸佛總不識　삼세제불총불식
一條拄杖化金龍　일조주장화금용
應化無邊任自在　응화무변임자재

이 주장자 이 진리 몇 사람이 알꼬.
삼세의 모든 부처님도 다 알지 못함이라.
이 주장자 문득 금빛 용이 되어
한량없는 용의 조화를 마음대로 부림이로다.

향곡 선사께서 보시고는 앞 글귀는 묻지 아니하고 뒤 글귀를 잡아서 물으셨습니다.

"너 문득 용 잡아먹는 금시조金翅鳥를 만난다면 어떻게 하겠느냐?"

이에 산승이 말씀드렸습니다.

"몸을 움츠리고 당황해서 세 걸음 물러가겠습니다[屈節當胸退身三步]."

스님께서는 "옳고, 옳다" 하시며 크게 기뻐하셨습니다.

그런데 이렇게 '향엄상수화'를 깨달은 후 향곡 선사와 문답하던 중, 유일하게 막힌 대문大文이 하나 있었습니다. 당나라 때 대 선지식이셨던 마조馬祖 선사께서 열반하기 직전에 편찮으셨는데, 원주院主가 아침에 문안을 드리며, '밤새 존후尊候가 어떠하셨습니까?' 하니, 마조 선사께서 '일면불 월면불日面佛 月面佛이니라' 하셨습니다.

'밤새 존후가 어떠하셨습니까?'라는 문안에 마조 선사께서는 왜 '일면불 월면불'이라며 두 부처님의 이름을 말하셨을까? 이 화두는 가장 알기가 어려운 고준한 법문입니다. 마조 선사는 문하에 84명의 뛰어난 도인 제자를 두신, 역대 선지식들께서도 부처님 이후 가장 위대한 도인이라 평하는 분입니다. '일면불 월면불' 말씀에는 마조 선사의 온 살림살이가 다 들어 있습니다. 그래서 마조 선사를 바로 알려면 이 법문을 알아야만 합니다.

산승도 여기에 막혀 약 5년 동안 신고辛苦를 했는데, 자나 깨나 화두 의심 한 생각밖에 없었습니다. 예나 지금이나 묘관음사에는 눈 오는 때가 거의 없는데, 하루는 음력 정월 아침에 자고 나니 온 산에 눈이 자욱하게 쌓여 있었습니다. 그런데 물을 가득 담아 놓았던 마당의 큰 통에는 눈이 다 녹아서 한 송이도 없었습니다. 그 물을 보는 찰나에 화두가 박살이 나니, 마침내 고인古人들께서 중중으로 베풀어 놓으신 온갖 차별법문差別法門이 하나도 걸림 없이 회통이 되었습니다.

그래서 게송을 지어 올렸습니다.

　　　一棒打倒毘盧頂　　일 봉타도비로정
　　　一喝抹却千萬則　　일 할말각천만칙
　　　二間茅庵伸脚臥　　이 간모암신각와
　　　海上淸風萬古新　　해 상청풍만고신

한 몽둥이 휘둘러 비로정상을 거꾸러뜨리고
벽력 같은 일할로써 천만 갈등을 문대 버림이로다.
두 칸 띠암자에 다리 펴고 누웠으니
바다 위 맑은 바람 만년토록 새롭도다.

이렇게 올리니 향곡 선사께서 "부처님의 마음법을 전해 받은 육조, 마조, 임제의 가풍이 이 글 속에 다 있구나!" 하시며 "네 대代에 선풍이 만방에 드날리리라!" 하고 극찬을 하셨습니다. 그 후 정미년 하안거 해제 법회에 묘관음사 법당에서 향곡 선사께서 법문을 하시기 위해 법상法床에 오르셔서 좌정坐定하시고 계시는 차제에, 산승이 나아가서 예삼배禮三拜를 올리며 여쭈었습니다.

"불조께서 아신 곳은 여쭙지 아니하거니와, 불조께서 아시지 못한 곳을 일러 주십시오."

"구구九九는 팔십일八十一이니라."

"그것은 불조께서 다 아신 곳입니다."

"육육六六은 삼십육三十六이니라."

이에 산승이 아무 말 없이 선사께 예배드리고 물러가니, 향곡 선사께서도 아무 말 없이 법상에서 내려오셔서 조실방祖室房으로 돌아가셨습니다.

뒷날 조실방을 찾아가서 예를 갖추고 다시 여쭈었습니다.

"불안佛眼과 혜안慧眼은 여쭙지 아니하거니와, 어떤 것이 납승衲僧의 안목眼目입니까?"

"비구니 노릇은 원래 여자가 하는 것이니라[姑元來女人做]."

"금일에야 비로소 선사님을 친견하였습니다."

이에 향곡 선사께서 물으셨습니다.

"네가 어느 곳에서 나를 보았는고?"

"관關!"

산승이 이렇게 답하자, 향곡 선사께서 "옳고, 옳다!" 하시며, 임제정맥臨濟正脈의 법등法燈을 부촉付囑하시고 '진제眞際'라는 법호와 함께 전법게傳法偈를 내리셨습니다. 이때가 1967년 산승의 나이 34세 되던 해였습니다(부처님으로부터 내려오는 제79대 법손).

付 眞際法遠丈室　　부 진제법원 장실
佛祖大活句　　　　 불조대활구
無傳亦無受　　　　 무전역무수
今付活句時　　　　 금부활구시
收放任自在　　　　 수방임자재

진제법원 장실丈室에 부치노니,
부처님과 조사의 산 진리는
전할 수도 받을 수도 없는 것이라.
지금 그대에게 활구법을 부촉하노니
거두거나 놓거나 그대 뜻에 맡기노라.

산승이 도를 이루고 나서 살펴보니 부처님의 최고의 진리를 깨닫기 위해서는 간화선 수행법이 아니고서는 도저히 불가능하다는 것을 알았습니다. 불가佛家에는 기도, 염불, 주력, 비파사나 관법 수행 등 여러 가지 수행법이 있지만 다들 다겁생 무한토록 닦아야 하는 근기에 따른 방편의 수행일 뿐, 부처님께서 가섭에게 전하여 내려온 최상의 수행법이 아님을 알아야 합니다. 역대의 모든 조사 스님들께서 참선법만을 선양하신 데에는 뜻이 있는 것이며, 조계종의 종지종풍宗旨宗風이 이와 맥을 같이하는 것입니다. 부처님의 간화선 수행법, 즉 참선 수행법은 한 걸음도 옮기지 않고 부처님의 땅에 이르는 가장 빠른 지름길이 되는 수행법이며, 이 수행법을 통해 불조의 법맥이 내려오고 있는 것입니다.

그렇다고 참선 수행법이 결코 절집 스님네만의 전유물은 아닙니다. 꿀이 달고 소금이 짠 것을 안다면 누구나 닦을 수 있고 반드시 닦아야 할 수행법입니다.

세계는 지금 문화의 시대에 들어섰고, 이미 서구의 지성인들과 종교 지도자들은 마음의 평안과 지혜로운 삶을 얻기 위해 종교를 떠나 마음 닦는 수행을 생활화하고 있으며, 오히려 정신 수양을 가장 중요한 삶의 덕목으로 여기고 있습니다. 그들은 또한 어떠한 국가와 종교, 그리고 힘으로도 참다운 세계평화와 인류의 행복한 미래를 만들어낼 수 없으며, 오직 모든 인류 개개인의 마음 수양과 정신 고양만이 바른 해법이라고 말하고 있습니다. 나아가 세계는 21세기 인류의 밝은 미래를 이끌어 갈 정신문화로 종교와 국가를 초월하여 우리의 간화선을 주목하고 있습니다.

그러므로 모든 대중 여러분, 이제는 모든 분들이 종교를 초월하여 참선 수행으로 진리를 깨달아 진정한 평화를 얻어야 합니다. 그간 우리가 불우한 이웃을 돕는 일에 우선했다면, 이제는 한 걸음 더 나아가 자랑스러운 정신문화인 참선 수행법을 하루빨리 세계화하는 데 주력하여 참된 세계평화와 인류의 행복에 기여하도록 합시다. 그래서 만인의 지혜가 더욱 증장되고, 이상세계인 파라다이스와 극락세계가 이 지구촌에 이루어지기를 간절히 바랍니다.

　산승의 스승인 향곡 선사께서 열반 일주일 전에 제방의 조실 스님들을 찾아다니며 '임제탁발화臨濟托鉢話' 법문을 들어 물으셨습니다. 임제 선사께서 하루는 발우를 가지고 탁발을 나가셨는데, 한 집에 가서 대문을 두드리니 노 보살이 대문을 열고 나와 임제 선사를 보고 대뜸 "염치없는 중이로구나!" 하고는 한 푼의 시주도 하지 않았습니다. 그래서 임제 선사께서 물으시기를, "어째서 한 푼 시주도 하지 않고 염치없는 중이라 하는고?" 하시니, 노 보살이 대문을 왈칵 닫고는 집 안으로 들어가 버렸습니다. 이에 임제 선사께서는 아무 말 없이 절로 돌아가셨습니다.

　이 법문을 가지고 제방의 조실 스님들을 일일이 찾아다니며 물으셨는데, 모두들 흡족한 답을 내놓지 못하신 것이었습니다. 그래서 제방을 다 돌고 해운정사로 산승을 찾아오셨는데, 때마침 제가 마당에서 포행을 하고 있었습니다. 선사께서 얼마나 답답하셨는지, "네가 만약 당시에 임제 선사가 되었던들 무엇이라고 한마디 하겠느냐?" 하시며 인사 받을 생각도 안 하시고 대문에 들어선 채로 산승에게 물으셨습니다. 이에 산승이 물음이 채 끝나기도 전에 척 답을 드리니, "과연 나의 제자로다!" 하시며 그때서야 종전의 모습을 거두고 파안대소破顔大笑를 하셨습니다.

그러면 모든 대중 여러분, 당시에 임제 선사였다면 무엇이라고 한마디 하시겠습니까?

　　三十年來弄馬騎　　삼십년래농마기
　　今日却被驢子撲　　금일각피려자박
　　삼십여 년간 말을 타고 희롱해 왔더니
　　금일 당나귀에게 크게 받힘을 입음이로다.

석일昔日에 팔八 세가 되도록 말을 못하고 있던 여식아이가 있었는데, 이 여식아이를 두고 두 분의 유명한 선지식께서 말씀하시기를 한 분은,
　"여식아이가 팔 세까지 말을 못한 것은 광대무변한 대도大道의 진리를 온전히 든 것이다."
　또 한 분은 말씀하셨습니다.
　"팔 세의 여식아이가 말을 못한 것은 광대무변한 대도의 진리를 들기가 어려워서 말을 못한 것이다."

대중이여, 두 분의 대 선지식의 고견高見 중에 어느 분의 답이 멋지다고 생각하십니까? 두 분의 답 중에 어느 것이 옳다고 보십니까?

　　동지冬至와 한식일寒食日은 백 오일百五日이로다.

모든 분들이 일상생활을 하는 가운데 하루에도 천 번 만 번 "부모에게 나기 전에 어떤 것이 참 나던고?" 하고 간절하게 참 나를 찾아서 나고 날 적마다 큰 지혜를 얻어 무량한 행복을 누리소서. [주장자로 법상法床을 한 번 치고 하좌下座하시다.]

금아 혜국
대선사

1962   일타 스님을 은사로 득도
1994   제주 남국선원 개원
2004   충주 석종사 창건
석종사 금봉선원 선원장(現)
전국선원수좌회 공동대표 역임
제방선원에서 수행정진

· 언제
어디서나
주인공인 삶
·

"마음, 마음이여 각자 자신의 본마음을 깨닫지 못하고 잠깐 동안 빌려 쓰는 이 몸을 나라고 잘못 생각하여 번뇌망상을 따라다니느라 나고 죽고, 죽고 나는 생사윤회를 그 얼마나 방황했던가. 이 자리가 인연이 되어 참 나는 누구던가, 제법무아諸法無我 연기공성으로써의 나를 깨달아 생사윤회生死輪廻의 바다를 건너 필경 성불하여지이다. 나무아미타불."

한평생 살면서 가장 힘든 일 중의 하나는 자기 자신을 이겨 내는 일입니다. 나 자신을 되돌아보더라도 못된 성질 하나 고치는 데 한평생 노력해도 될까 말까 합니다.

간화선看話禪에서는 모든 상대성을 둘로 보지 않습니다. 즉 기쁜 일이 있으면 입가에 미소를 지으며 좋아하고, 슬픈 일이 일어나면 슬퍼서 울고 하는 그 각성 자체는 모두 하나입니다. 본 마음자리에서는 슬퍼함을 아는 각성이나 기뻐함을 아는 각성이나 둘이 아니라는 뜻입니다.

본체란 곧 참 나인데, 우리는 그 참 나를 까마득하게 잊어버리고 있습니다. 내가 나 자신을 배신하고 생각이 일어난 다음의 파장, 다시 말해 업을 따라다니느라 바쁩니다. 기쁘면 기뻐할 줄 아는 본체를 보는 것이 아니라 기쁜 일을 따라가 버리고, 슬픈 일이 일어나면 슬퍼할 줄 아는 본체를 보는 것이 아니라 슬픈 일의 그림자를 따라다니느라고 얼마나 많은 세월 동안 나고 죽고, 죽고 나는 삶을 살아왔습니까?

그런데 지금까지의 인류 역사를 돌이켜 보면 세상 학문에서는 인류의 문제를 해결하기 위한 방법을 주로 바깥에서 찾았습니다. 나의 마음을 어떻게 길들이느냐, 내가 누구인가를 안으로 찾아 들어가는 것이 아니라, 마음 밖의 외부세계에서 좀 더 편리한 일, 또는 행복을 찾는 데에 모든 노력을 기울여 왔다고 해도 과언이 아닙니다. 그 결과 인생은 기계문명에 중독되어 마음이 한없이 황폐해져 왔습니다. 간단한 예를 들자면 휴대폰 하나만 하더라도 우선 보기에는 편리해 보이지만 그것의 폐해는 엄청나다고 할 수 있습니다. 지나친 게임 중독, 컴퓨터 중독으로 인해 가상과 현실을 구분하지 못하고 소위 '묻지 마' 폭력을 일으키는 일도 다반사입니다. 이렇듯 바깥의 것으로는 인류의 문제를 해결할 수 없습니다. 결국 물질문명에서 정신문명으로 갈 수밖에 없는 것이 사실입니다. 왜냐하면 일체 모양이 있는 것은 모양이 없는 에너지, 즉 정신에 의해서 움직여지고 있기 때문입니다.

부처님께서는 고집멸도苦集滅道 사성제四聖諦를 설하시면서 '모든 인류의 고통은 그 원인이 집착이다. 내가 집착하기 때문이다'라고 하셨습니다. 즉 고통의 원인은 내 죄업을 따라다니느라고 내 본체를 놓치고 그림자를 따라다니기 때문이라는 것이지요.

그렇다면 우리가 집착하는 모든 죄업이 있다고 보고 집착했느냐, 아니면 애초 없는 것을 착각해서 집착했느냐 하는 점을 먼저 짚어 봐야 합니다.

  菩提本無樹 보리 본무수
  明鏡亦非臺 명경 역비대
  本來無一物 본래 무일물

何處惹塵埃　하처야진애
보리라는 나무 본래 없고
밝은 거울 역시 틀이 아니네.
본래 한 물건도 없는데
어디에 때가 끼리오.

　조사선, 즉 간화선에서는 모든 고통의 원인이 집착 때문이라고 봅니다. 그런데 그 집착과 죄업을 있는 것이라고도 하지 않고, 없는 것이라고도 하지 않습니다. 즉 안과 밖이 둘이 아닌 자리라는 거지요. 즉 벽을 허물어 버리면 온통 허공이라는 겁니다. 대자유요, 완전한 평화가 되는 그 법으로 한번 들어가 봅시다.

　어젯밤 우리나라 전체가 캄캄했습니다. 태양이 서산으로 넘어가서 그렇다고 하겠지요. 그러나 태양은 그 자리에서 한순간도 움직인 적이 없고, 햇빛을 비추는 시간 또한 단 일 초도 끊어진 일이 없습니다. 그런데 이렇듯 해가 끊임없이 비추고 있는 것이 분명한데도 왜 어젯밤은 캄캄했을까요? 이것은 태양에 문제가 있는 것이 아니라, 지구가 태양에게서 등을 돌렸기 때문입니다. 지구가 태양의 반대쪽으로 등을 돌린 바람에 어제 저녁 캄캄했던 것입니다. 그러다가 오늘 날이 밝아, 다시 말해 지구가 반 바퀴 빙 돌아가지고 다시 태양 쪽으로 고개를 돌리니 이제 어둠이 있습니까, 없습니까? 없습니다. 우리가 알고 있는 죄도 이 어두움과 같습니다.

　마음속의 부처는 한순간도 우리를 버린 바가 없고, 역력하게 오늘도 부처로서 존재하는데 왜 죄업에서 허덕이고 있는가? 이것은 마치 어제 저녁 캄캄했던 이유와 마찬가지의 원리로 생각해 볼 수 있습니다. 어둠이 본래 있는 것이라면, 아무리 노력해도 항상 그 자리에 있어야 할 텐데, 광명 쪽으로 얼굴 한 번 돌리고 나니 어둠은 흔적도 없이 사라집니다. 즉 죄는 곧 어두움인데 그 어두움이 흔적도 없이 그냥 밝음이 되어 버렸다는 말입니다. 그래서 간화선에서는 어두움만 없는 것이 아니라 환한 것 또한 없는 것이라고 합니다. 이것을 좀 더 자세히 설명하기 위해 육조 스님의 경구를 살펴보겠습니다.

'보리본무수菩提本無樹'요, 모든 모양 있는 것은 단지 감정을 좇아 모양으로 보는 것이지 본체에서는 모양이라는 것이 있을 수가 없다는 말입니다. 또한 마음, 마음 하지만 마음이란 정신과 육신이 나누어져 있는 것이 아니라 연기법에 의해서 하나로 움직여졌을 때 용用이라는 마음이 나오지 본체에서는 결코 용과 체體가 둘이 아니라고 봅니다.

'본래무일물本來無一物'이라, 내가 당하는 모든 고통이 나의 단점이나 혹은 못된 성질 같은 내 죄업에서 일어나는 그림자일 뿐 자기의 본래 모습은 조금도 그것에 지장을 받지 않습니다.

이와 같은 사실을 가르쳐 주는 법이 있고, 그 법을 배울 수 있는 스승이 있다는 사실이 크나큰 행운이 아닐 수 없습니다. 그러한 스승들은 우리 인류의 영원한 보배라 할 수 있습니다. 몇백 생을 다시 태어나더라도 나는 누구인가, 내가 있는 나를 깨닫는 것이 아닌 본래무일물인 나, 즉 근본 존재의 원리를 깨달아 생사윤회에서 영원히 벗어나는 길, 이 길을 가르쳐 주는 스승이니 말입니다. 다행히 우리에게는 그러한 법이 간화선으로 전해져 오고 있고, 또한 그것을 가르쳐 주는 스승도 이어져 오고 있습니다.

개인적으로는 간화선법을 평생의 수행으로 삼을 수 있었던 것을 엄청난 행운으로 생각합니다. 다만 불행인 것은 개화기에 세계화에서 앞섰던 일본의 불교가 세계로 나갔고, 티베트는 나라를 빼앗겨서 스님들이 세계 각국으로 떠나면서 국제화된 반면, 우리의 간화선은 세계화 과정에서 일본의 침략으로 인해 정신문명의 기를 제대로 펼칠 수 없었다는 점입니다. 또한 국력이 약해서 세계화에 눈뜰 기회를 놓쳤고, 국내에서는 불법 하나 지켜 가기도 어려운 시대를 살았습니다.

조선 500년 동안, 그리고 일제강점기 동안 저 산과 들 어디서든 오직 마음법 하나를 놓치지 않으려고 생명을 바친 간화선 화두 참선 조사들이 있어서 그나마 불법의 명맥을 이어 주었기 망정이지 그렇지 않았더라면 오늘날 이 고준한 법이 세계에 그 모습을 드러내지 못하는 불행한 사태가 벌어졌을 것입니다.

다행히 지금 우리나라의 기운은 상당히 좋은 쪽으로 뻗어가고 있습니다. 세계의 정치·경제에 큰 영향력을 행사하는 국제기구 빅3 중에서 세계은행과 유엔, 두 곳이나 한국인이 그 수장을 맡고 있습니다. 한국에 전해 오는 보배 중의 보배라 할 수 있는 간화선도 이와 때를 같이하여 지금 세계로 나아가고 있습니다. 티베트불교 하면 밀교 수행, 남방불교 하면 위빠사나 수행인 것처럼 한국 하면 간화선법이 세계인들의 마음에 보배처럼 떠오르면 좋겠습니다.

간혹 불자 중에는 간화선법이 너무 어렵다, 잘되지 않는다고 생각하는 분들도 있습니다. 그렇게 생각할 필요가 전혀 없습니다. 간단한 예를 하나 들어 보겠습니다. 지금 여기 조계사 법당 안은 허공입니다. 여러분이 살고 있는 방은 허공입니까, 아닙니까? 예, 똑같은 허공입니다.

화장실, 욕실, 혹은 석종사 법당 등 모든 것은 허공입니다. 그런데 이 법당 안만 허공이고 다른 것은 허공이 아니라면 그것은 말이 되는 소리입니까, 안 되는 소리입니까? 당연히 말이 안 되는 소리입니다.

마음도 마찬가지입니다. 여러분들이 마음, 마음 할 때 그 마음이, 내 마음 따로 있고, 네 마음 따로 있는 게 아닙니다. 혜국 스님 마음 따로 있고, 여러분 마음 따로 있는 등 전부 따로따로의 마음이라면 이 법당 허공과 석종사 법당 허공, 여러분 집 안의 허공이 다 다르다는 말과 같습니다.

전체 한 허공이기에 조계사라고 하는 벽을 치면 조계사 법당이 되고, 여러분들이 사는 아파트라는 벽을 치면 아파트 허공이 되고, 석종사라는 벽을 만들면 석종사 법당이 되듯 한 허공이 어떠한 기둥을 세우고 어떠한 벽을 치느냐에 따라 단지 그 이름만 달라질 뿐입니다.

이와 같이 내 마음이나 여러분의 마음이나 일체 모든 마음이 연기공성으로써 둘이 아닙니다. 이름 지을 수 없는 그 한 물건이 이 몸뚱이를 움직이니, '나와 남이 둘이 아닌 하나구나' 하는 이치를 깨치면 됩니다. 나라는 벽을 허물면 바로 화두라는 그 자리에 들어서게 됩니다.

부처님께서 꽃 한 송이를 들어 보이니 가섭 존자가 파안대소破顔大笑를 하고, 달마 스님께서 확연무성廓然無聖이라 하신 소식은 엄청난 진리입니다.

그런데 불자 중에도 이와 같은 법문을 듣고 그것이 무슨 의미인지 뜬구름 잡는 소리처럼 여기는 사람들이 있습니다. 이는 귀로 듣고 머리로만 이해하기 때문에 그렇습니다. 이는 이해의 문제가 아닌지라 직접 체험하여 인생의 근본 문제를 해결하는 법을 알아내야 합니다. 단순히 이해의 문제로 진리를 끌어내리려 하면 안 됩니다. 체험의 세계에서 볼 때, 내가 옳다는 생각을 몰록 놓아 버리면 그것이 바로 진참회가 됩니다. 내가 옳다는 생각을 놓아 버리면 궁극에 가서 옳다 그르다는 생각까지를 놓아 버린 무념이 됩니다. 무념, 무심의 자리를 부처님은 꽃 한 송이를 들어 보였고, 조사 스님들은 뜰 앞의 잣나무라고 했습니다. 여기서 무無는 하나같이 말길이 끊어진 자리, 생각이 끊어진 자리, 모든 고통이 끊어진 자리를 바로 보여 줍니다.

그런데 이 화두를 가지고 이렇다 저렇다 말들이 많습니다. '옛날 화두는 어땠는데, 지금 화두는 어떻다'고 그러는데, 허공에 어찌 옛날 허공이 있고 지금 허공이 있겠습니까? 모양 있는 것이나 과거가 있고 미래가 있고 현재가 있지, 모양 없는 근본 본질은 과거심불가득過去心不可得이요, 현재심불가득現在心不可得이요, 미래심불가득未來心不可得이라, 본체에는 과거·현재·미래가 없습니다. 모든 경전에서도 역력하게 증명하고 있는데, 왜 화두참선법話頭參禪法에서 그와 같은 말을 하면 그것을 뜬구름 잡는 소리로 듣고 있는지 모르겠습니다.

여러분이 잘못 익힌 습관, 무조건 이해가 되어야 하고 감정에 맞아야만 옳다는 그 습관은 언제 이겨내도 이겨내야 할 일입니다. 이것이 바로 불교에서 말하는 업業입니다. 여러분이 만약 자신이 짊어지고 다니는 업의 무게를 느낄 수만 있다면, 사람으로 태어나 이 업의 무게를 내려놓는 일보다 더 소중한 일은 없겠구나 하는 것을 깨닫게 될 것입니다. 거듭 나고 죽는 모든 생사윤회의 원인이 내가 짊어지고 다니는 이 업의 무게 때문이라면, 그것을 해결할 수 있는 사람은 오직 그 업을 지은 자신뿐입니다. 마음에 들지 않는 세상사, 마음에 들지 않는 자식, 마음에 들지 않는 친척 등 이 모든 것은 업의 세계, 즉 생각의 세계에서 스스로 지은 것이기 때문에 그것은 본인만이 해결할 수 있습니다. 마치 담배에 중독된 사람이 담배를 끊으려 할 때, 다른 사람이 대신 끊어줄 수 없고 오직 본인만이 끊을 수 있는 것과 마찬가지입니다.

부처님께서는 "나의 말만 잘 듣는 사람은 나의 노예다. 내가 가르쳐 준 연기법인 제법무아諸法無我, 제행무상諸行無常, 열반적정涅槃寂靜의 도리로 마음의 벽을 허물어 우주가 나이며 내가 우주가 되는 법을 깨달아야 한다. 너희들도 완전한 부처임을 깨달아 나와 같은 부처가 되는 것이 내가 원하는 길이다"라고 하셨습니다. 노예의 길을 걷지 말고 스스로 부처가 되라고 가르쳐 주신 스승이 이 땅에 와 주신 것만으로도 불자들의 복은 정말 대단하다고 아니할 수 없습니다.

그렇다면 과연 부처님의 정법은 무엇입니까? 그것은 본인의 문제는 다른 누가 해결해 주는 것이 아니라 스스로 그 문제를 해결해야 한다는 것입니다. 아무리 귀한 자식이라 해도 문제를 해결해 준답시고 대신 밥을 먹으면 그 자식의 배가 불러지지 않는 것과 같은 이치입니다.

『화엄경』「사구게」에 '약인욕요지 삼세일체불若人欲了知 三世一切佛, 만약 어떤 사람이 과거·현재·미래의 부처를 알고자 한다면', '응관법계성

일체유심조應觀法界性 一切唯心造, 마땅히 법계의 성품을 관하여 보라. 모든 것은 마음이 지은 것이다'라고 하였습니다.

바다에 나가 보면 철썩철썩 파도가 치고 있습니다. 이 파도는 듣는 사람의 마음에 따라 그 소리가 달리 들립니다. 다정한 연인끼리 들을 때에는 매우 낭만적인 음악이지만, 외아들을 파도에 잃은 어머니의 귀에는 아마도 통곡 소리로 들릴 것입니다. 똑같은 소리도 마음에 따라 이렇게 달라집니다. 이처럼 마음이 어떤 상태냐에 따라 인생도 완전히 달라집니다. 그렇다면 이 마음을 도대체 어떻게 해결할 수 있을까요? 많은 스승들이 그 답을 주려고 애써 왔습니다.

고봉 선사나 태고 선사와 같은 분들은 오직 마음의 등불 하나 켜 주기 위해 한평생을 바치신 분들입니다. 나고 죽고 다시 나는 생사의 윤회에서 벗어나는 길은 귀로 들어 이해하는 것이 아니라, 화두로 바로 들어가서 마음의 등불을 부여잡는 것입니다. 그러니 이 길을 가르쳐 주신 은혜가 결코 작은 은혜가 아닙니다.

생각의 한계로는 안 된다는 것을 알게 되면 생각의 한계가 끊어진 자리를 찾게 됩니다. 그것을 강구하는 것이 간화참선법看話參禪法입니다. 서구에서도 점차 이것에 눈을 떠 참선법을 배우고자 한국을 찾고 있는 추세입니다. 간화참선법이 인류의 문제를 해결할 등불이 될 것이라고 믿습니다. 한국에 간화참선법, 화두참선법이 이어져 내려오고 있다는 것은 참으로 감사한 일이 아닐 수 없습니다. 다음 생에도 꼭 한국에 태어나기를 원하는 이유는 바로 이 화두참선법 때문입니다.

고봉 선사 같은 분은 이 화두참선에 대해서 다음과 같이 당부하셨습니다.

"오직 본참공안本參公案 화두話頭를 가슴 깊이 간직하고 행주좌와行住坐臥에 간절, 간절하게 참구參究하라, 궁구窮究하고 궁구하여 힘이 미치지 못하고 생각이 머무를 수 없는 곳에 이르러 문득 마음을 깨달아 화두를 타파하여 홀연히 벗어나면 바야흐로 성불한 지가 이미 오래임을 알 것이다. 이러한 도리는 기왕의 모든 부처님과 조사 스님들이 나고 죽는 문제를 요달了達하고 죽음에서 벗어남에 이미 시험하신 묘방妙方 중에 묘방이라, 오직 귀한 것을 실답게 믿는 사람이 없는 까닭이다. 오직 귀한 것은 실답게 믿고 의심하지 않는 일이니 오래오래 물러나지 아니하면 누구나 깨닫지 못할 자가 없느니라."

본참공안에 대한 이야기를 해 보겠습니다. 한창 젊은 시절 수행을 하다가 성철 큰스님이나 구산 방장 스님 같은 분을 찾아가서 "어떻게 하면 이 공부를 잘할 수 있습니까?" 하고 물으면, 그 어른들은 별다른 말씀을 하지 않으셨습니다. "네가 하면 될 것 아니야, 네가 안 하면서 누구더러 하래?"

요즘 이런 식으로 대답하면 '큰스님이 뭐 저래' 하면서 불만을 가질지 모릅니다. 하지만 그분들의 이러한 자세야말로 정말 자비가 극에 이른 것입니다. 바로 그냥 보여 주는 그 자비보다 더한 자비가 없습니다.

사람들이 흔히 하는 질문 중에는 이런 것이 있습니다.

"지금 이 시간에 아프리카에서 굶어 죽는 사람이 많은데 그들을 먼저 구제해야 합니까, 아니면 스님들이 화두참선해서 오로지 화두를 참구해야 됩니까?"

　본질을 깨달은 분들은 먼저니 나중이니 하는 말에 얽매이지 않습니다. 언제든지 현재입니다. 언제든지 현재, 동시라는 말입니다. 계란이 먼저냐, 닭이 먼저냐 해서는 이런 문제를 영원히 깨닫지 못합니다. 순서를 두는 것은 감정의 세계일 뿐, 어떻게 허공에 동서남북이 있을 수 있겠습니까?

　내가 여기 앉아 있는데 내 뒤에 있는 이는 내가 남쪽에 있다고 하고, 내 앞에 앉아 있는 이는 내가 북쪽에 앉아 있다고 합니다. 누구 말이 맞고 누구 말이 틀린 것일까요? 아무도 틀리지 않았습니다. 자기 위치에서 동서남북이라는 것이기 때문에 각자 보는 방향에 따라서 남쪽에 있기도 하고, 북쪽에 있기도 합니다. 또한 생각에서 먼저니 나중이니 하는 것이지, 허공에는 '이쪽 허공이 먼저다', '저쪽 허공이 먼저다'가 없습니다. 언제나 동시인 그러한 질문은 대답을 들을 수 없기 때문에 그저 자기 듣고 싶은 대로 들을 뿐입니다.

　생각의 세계에서 결코 해결하지 못하는 것들이 생각을 벗어난, 생각이 끊어진 그 자리에서는 가능합니다. 때문에 그 자리를 보여 주는 화두법은 앞으로 인류의 문제를 해결할 등불이 될 때가 오게 될 것입니다. 반드시 그렇게 될 것입니다. 몇백 생을 태어나서라도 그것을 이루려는 원력을 세우고 있으니 그것은 이미 이루어진 것이나 마찬가지라고 저는 믿고 있습니다. 본인들이 해 보지도 않고 그 세계에 대한 확실한 믿음이 없다면 어떻게 이런 말을 하겠느냐는 말입니다.

그러면 본참공안입니다.

중생이 가장 끊기 어려운 것이 본인 생각의 한계입니다. 고요하다고 하면 고요하다는 생각이 일어난 것입니다. 고요하고 고요해져 더 이상 말로 할 수 있는 세계가 아니라고 하면 말로 할 수 있는 세계가 아니라는 놈이 있고, 고요한 세계가 있다는 말입니다. 생각이 분리되었다는 말입니다.

예를 들어 강릉 앞바다로 가 봅시다. 강릉 앞바다에 가 보면 파도가 일어납니까, 안 일어납니까? 파도는 있는 것입니까, 없는 것입니까?

만약 파도가 있다고 하면 바람 한 점 없을 때는 어떻습니까? 파도가 있습니까? 없지요. 그런데 바람이 불면 파도가 일어납니다. 파도가 있다는 말입니다. 있다느니 없다느니 하는 것은 항상 양변에 떨어지게 됩니다. 그래서 부처님께서 중도를 말씀하신 것입니다. 중도는 양변을 인정한 채로 중간이 아니라 양쪽 변이 없어져 버린 전체 법신자리, 즉 허공성이기 때문에 중도란 정도요, 정도란 정견이요, 정견은 바로 보는 법이니 나라는 벽이 허물어져 버린 세계라고 말합니다. 그렇다면 파도라는 것은 과연 무엇입니까? 파도는 번뇌망상이고, 못된 성질입니다.

바닷물을 마음이라고 비유해 보겠습니다. 그 바닷물은, 즉 마음은 본래 부처라는데 왜 그와 같은 번뇌망상이라는 파도가 일어날까요? 파도가 일어나는 것은 바닷물이 변해서 생기는 일입니다. 부처가 변해서 중생이 되었다는 말입니다. 그래서 부처님께서는 연기법을 설하실 때 모든 집착의 원인은 무명이라고 하셨습니다. 즉 남을 미워하는 마음, 원망하는 마음 등이 싫어서 그 죄업을 다 없애 버리려 하는데 그렇게 해서는 결코 마음을 깨달을 수가 없다는 겁니다. 있는 것이 아닌 것을 없앨 수가 있습니까, 있지를 않은데 말입니다. 그런데 이렇게 괴로운 것은 무엇 때문입니까? 바로 무명이라는 착각 때문입니다. 그래서 화두가 중요하다는 것입니다. 부처님께서는 파도란 바닷물이라는 부처의 자리 하나인데 다만 바람에 의해서 모양만 조금 달리 보일 뿐 파도가 바로 바닷물이라고 말씀하셨습니다. 그것 인정하지요?

그것을 인정한다면 일어나는 모든 번뇌망상과 못된 성질이 마음에서 잘못 익힌 바람 때문에 일어난 파도라는 것을 알게 될 것입니다. 그러니 그 번뇌망상을 없애려고 노력할 것이 아니라 근본 욕망과 모든 집착이 일어나는 그 바람을 끊어 버리면 바로 부처의 성품이 될 수 있습니다. 그런데 여기 또 새로운 의문이 하나 생깁니다. 본래 부처라 했는데, 부처는 닦을 것이 없다는데, 왜 자꾸 닦으라고 합니까?

여기 사기그릇이 하나 있습니다. 여러분 중에 누군가 거울을 만들려고 이 그릇을 닦고 있다면 그 사람이 제대로 하고 있는 것입니까? 아니면 잘못하고 있는 것입니까? 그 사람은 잘못해도 아주 엄청나게 잘못하고 있습니다. 더러워진 거울이라면 닦는 것이 당연합니다. 하지만 거울이 아닌 나무토막이나 돌멩이를 닦아서 거울을 만들려는 사람은 어리석은 사람입니다. 거울이기 때문에 닦듯이 부처이기에 닦는 겁니다.

이것이 거울이라는 분명한 믿음이 있을 때 '아, 이 거울이 더러워졌구나' 하면, 더러움 자체는 거울이 아니라 한 생각 잘못으로 들여 놓은 못된 습관입니다. 그러니 거울을 닦을 것이 아니라 본래 거울에는 없는 못된 습관을 닦아 버리면 됩니다. 우리가 부처이기에 익혀 놓은 습관을 닦는 것입니다. '나는 누구인가?', '이 뭣고' 하면서 옳다 그르다, 너다 나다 하는 생각이 일어나기 이전 오직 모를 뿐인 그 상태로 들어가면 됩니다. 오직 모른다는 것은 알고 모르는 차원의 모름이 아니고 순수성, 청정성을 말합니다. 그런데 중생은 뭔가 알아내고 구하려는 마음이 있어 헛된 나무토막을 거울이라 여기며 닦고 있다는 말입니다. 다만 화두를 참구해서 의정을 일으켜 들어가 보면 본참공안이라는 것이 본래 부처인 자리를 그냥 딱 보여 줍니다. 즉 생각이 끊어진 자리를 바로 보여 준다는 말입니다.

'달마 조사가 서쪽에서 온 까닭은?'이란 질문에 '뜰 앞의 잣나무니라'라는 조주 선사의 대답도 마찬가지입니다. 예를 들어 본참공안이란 허공에 있는 진리고, 어쩌고 얘기하면 듣는 사람은 '아, 허공에 이런 진리, 아 저런 것' 하고 생각하지만, '뜰 앞의 잣나무', 사실 이것은 뜰하고 아무 관계없습니다. 잣나무와도 관계없습니다. 이것을 뒷동산의 소나무라 한들 무슨 상관이겠습니까? 여기서는 다만 생각이 일어나기 이전 것을 보여 주었을 뿐입니다. 이렇듯 생각에 놀아나지 않게 하고 바로 생각 이전 자리, '나는 누구인가?', '모른다'와 같이 청정으로 바로 들어갈 수 있도록 하는 간화참선법을 이 땅에 전해 준 역대 조사들의 무한한 자비에 새삼 감동을 느끼지 않을 수 없습니다.

본참공안이란 일체 중생을 위해 오직 바로 마음을 보여 주고 인생의 근본 본질을 깨달아 생사윤회를 벗어나서 부처가 되게 하려는 조사 스승들의 간절한 마음입니다. 따라서 적당히 하는 이해의 문제가 아니라는 점을 알아야 합니다. 이것을 알고 나면 간화선 종장 스님들의 대단하심을 새삼 느끼게 될 것입니다.

태고 스님의 말씀을 전합니다.

'사람의 마음이란 지극히 미묘하여 말로서는 도저히 이해할 수가 없고 생각으로도 얻을 수가 없으며 침묵으로도 통할 수가 없느니라. 오직 모르는 것, 의정이 독로하여 옳다느니 그르다느니 너니 나니 분별심을 초월하는 화두만 일념으로 참구하면 반드시 깨닫게 되느니라. 이것이 대장부의 평생 사업이니라.'

그렇다면 이렇게 훌륭하고 출중한 법에 왜 도인들이 많이 나오지 않는가 하는 의문을 가진 분들이 있을 겁니다. 역으로 하나 물어봅시다. 우리나라가 이렇게 훌륭하고 국민들이 똑똑하다는데 노벨물리학상이나 노벨의학상 하나 타기가 왜 그렇게 어렵습니까?

시절 인연이 필요하기도 합니다. 그러나 화두참선법에 있어서 옛날 사람들은 이런 말을 들으면 바로 '아, 그렇다. 내 생각을 따라가는 나는 참 나가 아니다. 생각이 일어나기 이전의 연기법, 양변을 여읜 중도법, 이것은 마음길이 끊어져야 한다'는 것을 알아채면서, 오직 모르는 그 의정이 천금 만금 보배처럼 귀하게 생각되고 바로 '어째서' 하는 의정 그 자체가 되었습니다. 그리고 그것을 즐기게 되고 그것이 머리끝에서 발끝까지 꽉 차서 청정 자체가 되어 버립니다. 하지만 요즘 사람들은 자기가 이해가 되면 믿고 이해가 안 되면 도저히 믿지를 못합니다. 옛날 모든 사람들은 화두참선법을 들으면 한번에 100% 믿어 버렸기 때문에 바로 도가 보이는 것이고 요즘은 그것을 믿지 않고 알음알이로 따지기 때문에 그만큼 도인이 나오지 않는 것입니다. 그리고 이 법이 귀하다는 생각에 미치지 못해 발심이 안 된 까닭이기도 합니다. 즉 간화선의 문제가 아니라 바로 실천하지 못하는 우리 때문입니다.

동산 양개 스님이라는 분이 계십니다. 대단히 훌륭하신 분으로 알려져 있는데, 동산 스님도 한창 젊어서는 이놈의 공부가 왜 이리 안 되는지 갈등이 많았답니다. 당연한 일이지요. 세속의 박사 학위 하나 받는 데에도 초등, 중등, 고등, 대학, 그리고 그 이후까지 모두 하면 이삼십 년이 족히 걸리는데, 수백 수천 년 쌓아 놓은 중생 업식을 두고 인생의 근본 문제를 해결하는 것이 어디 그렇게 쉬운 일이겠습니까? 물론 조사 스님들이 들으면 방망이감입니다. 눈만 떠 버리면 되는데 뭐가 그리 어렵냐고요. 그 눈 뜨는 데 결국 일생을 바치게 될 수도 있지만 말입니다.

생사윤회에서 벗어나는 일이 무엇보다 시급한데, 그것을 뼈저리게 느낀 사람들 중에 한 분이 바로 동산 스님입니다.

꿈속에서 불을 만나면 뜨거워합니다. 물을 만나면 허우적거리기도 합니다. 그런데 아침에 꿈에서 깨고 나면 그 뜨거웠던 불도 없고, 허우적거렸던 물도 없습니다. 때문에 옛 선사들이 그토록 꿈에서 깨어나라고 하신 겁니다. 동산 스님은 그 꿈에서 벗어나기 위해 온갖 스승을 찾아다니다 결국 위산 스님을 만나게 됩니다.

"스승님!"

"왜?"

"부처님께서 말씀하신 무정설법無情說法의 세계가 정말 있습니까? 내 감정을 초월해서 모든 업장이 없는 오직 순수한 마음 고향이 있습니까?"

"그럼, 정말 있고말고."

"그 무정설법에 대해서 저에게 한 말씀 해 주십시오. 이 마음 고향, 생각의 한계를 벗어난 세계를 저에게도 설명해 주십시오." 하니, 스승이 답하기를 "내 입은 너한테 그런 것이나 설명하라고 있는 입이 아니다".

사실 이것이 답입니다. 이것이 무정설법, 부처님이 꽃 한 송이 들어 보이는 법을 그대로 보여 준 것입니다. 스승이 베푸는 엄청난 자비입니다. 보통 사람들 같았으면 이와 같은 대답을 듣고 '도대체 무슨 스승이 이래? 답답한 마음을 끌고 저 태백산에서 해인사로, 송광사로 먼 길을 돌아왔는데 어떻게 스승이란 자의 입에서 저리 무책임한 소리가 나올까' 하면서 그 자리를 뛰쳐나와 버렸을지도 모릅니다. 어쩌면 실망한 나머지 아예 참선 공부를 때려치웠을지도 모르는 일입니다. 대부분의 사람은 그렇게 화가 나서 돌아서 버립니다. 자기 안에 스승이 있는 사람은 바깥에도 있고, 자기 안에 스승이 없는 사람은 세상 어디에도 스승이 없는 법입니다. 동산 스님은 보통 사람들과 달랐습니다. 위산 스님 앞에 다시 무릎을 꿇었습니다.

"스승님, 저는 도무지 모르겠습니다. 그렇다면 어느 스승을 찾아가면 좋겠습니까?"

"운암 담성 스님을 한번 찾아가 봐."

두말없이 다시 스승을 찾아갑니다. 바로 이 차이입니다. 한 치의 거스름이 없습니다. 동산 스님은 운암 담성 스님을 찾아뵙고 다시 묻습니다.

"스님, 무정설법은 누가 듣습니까?"

"무정이 듣지."

"그러면 스님은 듣습니까?"

"내가 만약 듣는다면 그대는 나의 설법을 듣지 못할 것이다."

그리고는 죽비를 들고 "들었는가?" 하고 물었습니다.

"스님, 듣지 못하였습니다."

"이 사람아, 내 법문도 못 들으면서 어찌 무정설법을 들을 수 있겠는가?"

콱 막힌 겁니다. 옛날 스승들은 이렇게 콱 막히도록 해 버립니다.

"스님, 그러면 부처님 경전에는 어디에 무정설법이 설해져 있습니까?"

"아, 이 사람아 『법화경』,『화엄경』,『금강경』 일체가 무정설법인데, 쉽게 말하자면 『아미타경』에는 새소리, 물소리, 바람 소리가 모두 무정설법을 설하고 있지 않는가라는 말도 못 들어봤어?" 하는 말에 동산 스님이 깨닫습니다.

"귀하고 귀하구나, 무정설법을, 어찌 화두참선법을 말로 할 수 있으랴. 귀로 들으려고 할 때에는 도무지 알아들을 수 없더니 눈으로 들으니 확연히 알겠구나!"

그 후에 운암 담성 스님의 '다만 이것뿐'이라는 한마디에 걸려서 참구하고, 또 참구합니다. 그러다 마침내 확연히 깨닫게 됩니다.

"그를 찾지 말자, 나에게서 점점 달아나게 되리니, 이제 나 홀로 스스로 가니 가는 곳마다 그를 만나네, 그는 바로 나이지만, 나는 아직 그가 아니네. 이같이 깨달아야 여여하게 되나니." 하고 이런 오도송을 읊게 됩니다.

우리 모두는 지금 눈이 하얗게 쌓인 들길을 걸어가고 있는 나그네들입니다. 삐딱하게 걸으면 발자국도 삐딱하게 찍히고 반듯하게 걸으면 발자국 역시 반듯하게 찍힙니다. 하지만 반듯하든 삐딱하든 한 번 걸어간 그 발자국은 되돌아가서 고칠 수가 없습니다. 한 번 지나가면 끝이요, 그대로 영원히 남아 있는 발자국이 되고 맙니다.

그런데 고봉 선사, 태고 선사, 동산 선사, 위산 선사, 운암 담성 스님, 이런 분들은 발자국 자체를 지워 버려 텅 빈 마음의 고향을 보여 주고 계십니다. 내가 완전한 부처라는 그 세계를 보여 주신 스승들과 그러한 화두의 고마움을 간절히 느낄 수 있기를 바랍니다.

중생들은 업력에 의해 살기 때문에 감정을 따라가서 늘 감정의 노예 노릇을 하게 됩니다. 하지만 보살은 원력에 의해 살아갑니다. 어제는 지나간 오늘이고, 내일은 돌아올 오늘임을 알기에 항상 오늘 무엇을 할 것인가에 집중합니다. 오늘 현재 깨어 있으면 영원히 살아 있는 사람이고, 오늘 남을 원망하고 있으면 원망하는 그림자에 속는 것입니다.

부처란 무심이요, 무념이라, 무릇 청정으로 돌아가는 연기법을 그대로 보여 준 화두이며, 수행은 업력에서 원력으로 가는 일입니다. 어리석은 사람은 세상일을 바깥에서 해결하려고 합니다. 그러나 항상 부족하게 여겨 더 채우려는 욕망의 한계는 끝이 없습니다. 욕망 자체가 한 생각 돌리면 바로 부처요, 영원한 자유라는 것을 보여 주는 화두의 소중함을 여러분들이 믿게 되길 바랍니다. 화두란 것이 막연히 그저 뜰 앞의 잣나무라고 한 것이 아니라, 그것이 결국 마음의 등불을 바로 보여 준 것이라는 점을 알아챘으면 좋겠습니다.

사실 우리는 이 몸뚱이 하나 내 맘대로 하지 못합니다. 이 몸뚱이는 늙지 말라 해도 늙고, 아프지 말라 해도 아프고, 죽지 말라 해도 죽어 갑니다. 내 몸뚱이도 마음대로 못하는 주제에 남은 나의 마음대로 되기를 바랍니다. 그래서 부처님께서는 이 세상이 내 마음대로 되기를 바라거든 마음을 먼저 길들이라고 했습니다. 마음을 길들이려면 삼매의 길을 가라고 했습니다. 그 삼매를 바로 보여 준 수행의 궁극처가 바로 화두입니다. 화두참선법을 하며 화두를 이어 준 수좌 스님들이야말로 보물 같은 분들입니다. 여러분 역시 이번 기회를 통해서 '화두란 바로 나를 위한 법이요, 내 마음에 물들지 않는 그 길로 가는 이정표구나'라고 믿는 씨앗만이라도 심어 주기를 간절히 바랍니다.

> 나도 없고 남도 없을 때 어떠합니까?
> 대나무 그림자 댓돌을 쓸어도 먼지 하나 일지 않고
> 밝은 달 연못을 투과해도 물결 하나 일어나지 않는다.

참 나는 누구런고?
그 언젠가 내가 깨달아야 하는 길이라면 금생의 오늘, 이때보다 더 좋은 때는 오지 않습니다. 바로 금생에 인간 몸을 받았고, 바로 정법 만난 이때를 놓치지 말고 부지런히 정진하여 필경 성불하여지이다.

   나무아미타불.

미룡 월탄
대종사

1955　금오 스님을 은사로 득도
2010　원로의원(現)
2011　대종사(現)
용화사, 혜은사, 월리사, 한산사, 대흥사 회주(現)
제방선원에서 수행정진

· 완전한 행복은
어디에서
오는가
·

[주장자를 들며] 이것이 보이십니까?

[주장자를 내리치며] 이 소리가 들리십니까?

삼세제불과 역대 조사와 천하 선지식들이 보고 듣는 이놈이 무엇인가? 이놈이 어떤 놈인가를 확실히 깨달아서 부처님이 되시고, 천하 선지식이 되시고, 조사가 되셨습니다.

다시 한 번 묻겠습니다.

[주장자를 들며] 여러분, 이것이 보이십니까?

[주장자를 내리치며] 들리십니까?

보고 듣는 이놈이 어떤 놈인가를 확실히 알아야 부처님의 정법을 알게 됩니다. 중생이 겪게 되는 생로병사를 비롯한 백팔 번뇌, 더 나아가 팔만 사천 번뇌를 비로소 소멸시킬 수 있게 됩니다.

산승이 불법과 인연을 맺게 된 사연을 잠깐 소개하겠습니다. 산승이 학창 시절 방학을 맞아 지리산 화엄사에서 공부를 한 적이 있습니다. 그때에 '금오'라는 당대의 큰 선지식 스님이 계셨습니다.

어느 날 스님께서 결제 법문을 하게 되었습니다. 법문하시기 전 스님께서는 그곳에서 공부하고 있던 학생들도 법문을 들어 보라 하셨습니다. 당시 화엄사에는 저를 포함한 또래 학생 셋이 방학을 맞이해 숙식을 함께하며 공부하고 있었습니다. 스님의 말씀대로 법문을 듣기 위해 결제 법회에 참석한 것이 저로서는 불교와의 첫 인연이 되었습니다. 그날 스님께서는 법상에 올라 이렇게 첫 운을 떼셨습니다.

"이 세상 놈들은 모두 산송장들이다! 산송장 아닌 놈이 여기 있느냐?"

멀쩡히 숨이 붙어 있고, 이렇게 다들 모여 앉아 스님의 법문을 듣고 있는데, 산송장이라니요? 잠시 주위가 술렁대기 시작했습니다. 스님께서는 주변을 한 번 둘러보고는 다시 말씀을 이어 가셨습니다.

"백 년도 못 사는 이 몸뚱이가 나인 줄 착각하는가? 죽을 날 받아 놓고 살아가니, 살아도 송장이나 다름없구나."

스님께서 왜 그렇게 말씀하시는지 잘 이해가 되지 않았습니다. 다른 스님들은 알아들었다는 듯 이내 자세를 고쳐 앉으며 평정을 되찾았지만, 아직 어린 우리 셋은 여전히 어리둥절한 표정이었습니다. 스님께서 이번에는 우리의 눈을 똑바로 쳐다보시며 말씀하셨습니다.

"이 세상 사람들이 다 산송장들인데 송장을 끌고 다니는 그놈이 어떤 것인가를 알아야만 합니다. 학생들이 사법고시에 붙어 판사가 되고 장관이 되고, 설령 대통령이 된다 한들 참 자기를 모른다면 어찌 나라를 다스릴 수 있겠습니까? 학생 여러분! 여러분은 먼저 어떤 놈이 참 나인가를 깨달아야 합니다."

참 자기를 모른 채 살아가는 것은 제대로 사는 것이 아니며, 제대로 살지 못하니 그것이 바로 산송장이 아니겠느냐는 말씀이었습니다. 그동안 '나'라는 것에 별다른 의문을 품지 않고 살아왔던 나로서는 그 당시 스님의 말씀이 크나큰 충격으로 다가왔습니다. 아마 그 충격과 의문에서 벗어나고자 했던 마음이 이 산승을 불가로 이끌었던 게 아닌가 싶습니다.

참 자기를 깨달은 사람은 수백 년, 수억 년을 살지만, 참 자기를 깨닫지 못하면 탐진치貪瞋癡 삼독심三毒心과 오욕락五欲樂에 집착하게 됩니다. 오직 이 몸뚱이가 나라는 그릇된 소견으로 사는 사람들은 지금 살아 있어도 참으로 살아 있다 할 수 없습니다. 우리들 중 누구 하나 미리 사형선고 받지 않은 분은 한 분도 없습니다. 깨닫지 못한다면 금오 스님의 말씀처럼 모두는 사형선고를 받고 사는 송장들과 다를 바 없습니다.

여러 불자님들! 그대들은 살았습니까, 죽었습니까?

지혜와 자비가 충만하여 우주 만물을 부모와 같이, 아들딸과 같이 한 몸뚱이로 알고 자비롭게 산다면 그 사람은 진실로 본래 면목, 부모님이 나를 낳기 전 참 자기의 본래 생명체를 가지고 사는 것입니다. 불법의 진수는 이렇듯 참 자기를 찾는 데 근본 목적이 있습니다. 그렇다면 참 자기는 과연 어떤 것일까요?

2,500년 전에 부처님께서는 내가 누구인가, 이 우주 만물의 본질은 도대체 어떤 것인가 하는 의문을 풀기 위해 출가하셨습니다. 그리고 그 해답을 얻기 위해 열심히 수행한 결과, 어느 날 동쪽 하늘에 반짝이는 새벽 별을 보고 큰 깨달음을 얻게 됩니다. 깨달음의 내용은 다른 것이 아닙니다. 바로 일체 중생이 본질적으로 부처님 아닌 사람이 하나도 없다는 것이었습니다.

부처가 누구입니까? 생로병사의 고통과 팔만사천의 근심, 걱정을 완전히 소멸한 분이 바로 부처님입니다. 일체 고통, 근심이 없습니다. 죽음의 고통도, 늙음의 고통도, 병고도, 재산이 많고 적은 것에 관계없이 일체 걱정, 근심이 없습니다. 그리고 항상 즐겁습니다. 마음속에 조금의 불행도 슬픔도 없이 늘 행복합니다. 스스로 밝게 깨달으신 후, 일체 중생이 본래 부처인 참 자기로 돌아갈 수 있도록 중생을 제도하고자 한 분이 바로 석가모니 부처님이십니다.

그런데 부처님이 이 땅에 오신 지 벌써 3,000여 년 가까이 되지만, 이 지구촌의 중생세계는 여전히 분열과 대립, 약육강식의 전쟁이 소용돌이치고 있습니다. 이것은 다른 누구의 탓이 아닙니다. 바로 우리 자신, 본래 부처라는 그 자리, 지혜와 복덕이 구족하고 자비가 넘쳐나는 상락아정常樂我淨, 열반적정涅槃寂靜의 참 나를 망각하고, 탐·진·치, 삼독심과 오욕에 물들어 오직 그것만이 나라고 생각하면서 살아온 자신이 만들어 놓은 세상입니다. 이러한 고통의 세상에 허덕이며 살고 있는 중생을 구제하고자 부처님은 오늘도 눈물을 흘리고 계십니다.

불자 여러분! 사부대중 여러분!

어디에도 완전한 행복은 없습니다. 명예도, 부귀도, 건강도 그 어떤 것도 완전한 행복을 가져다 줄 수는 없습니다. 그렇다면 과연 어디에서 완전한 행복을 찾아야 하겠습니까? 완전하고 진정한 행복을 찾는 길은 참 나로 돌아가는 길, 그것밖에 없습니다. 참 나가 누구인가? 보고 듣는 이놈이 도대체 어떤 놈인가? 이 의문에서부터 출발해야 합니다. 이것의 본질과 근원을 찾아서 바로 그놈만 깨달으면 됩니다.

비록 가진 것이 없어 저 한강 다리 밑을 헤매며 온갖 시련과 역경을 겪는다 해도 참 자기를 깨달으면 웃으면서 그 고통을 극복할 수 있습니다. 하지만 참 자기를 깨닫지 못한 사람은 돈이나 명예, 건강이 아무리 풍족하게 주어진다 해도 늘 허기를 느끼게 될 것입니다. 그것들이 주는 한계에 이내 부닥치게 될 것입니다. 깨닫지 못한 어리석은 자에게는 희로애락이 항상 들끓고 있습니다. 그것을 어찌 진정한 행복이라고 할 수 있겠습니까?

지금 듣고 있고, 보고 있는 그놈이 어떻게 생겼는가, 그놈의 능력은 어떤 것인가를 확실히 깨달아야만 생로병사의 고통을 벗어나 영원히 저 우주 법계와 내가 둘이 아닌 참 삶을 사는 것입니다. 그것이 진정한 행복입니다.

'일체유심조一切唯心造', 『대방광불화엄경大方廣佛華嚴經』 80권의 요지가 바로 이 게송에 다 내포되어 있습니다. 잘 알고 계시겠지만 다시 한 번 게송을 읽어 보겠습니다.

若人欲了知　약인욕요지
三世一切佛　삼세일체불
應觀法界性　응관법계성
一切唯心造　일체유심조

만약 어떤 사람이 과거, 현재, 미래, 삼세의 제불이 어떤 존재인가를 알고자 함에는, 이 우주 법계가 어떻게 해서 만들어졌고 어떻게 해서 생겼는가를 알고자 함에는, 모두가 내 마음으로부터 이 우주가 만들어졌다는 것을 확실히 알아라, 이런 뜻입니다. 이 게송을 독송하는 것은 바로 『대방광불화엄경』 80권 전부를 독송하는 것이나 마찬가지입니다.

80권의 본지가 바로 이 게송의 도리에 다 들어 있기 때문입니다.

　불자 여러분, 우주와 나는 하나입니까, 둘입니까?

　내가 없는데 부모가 있습니까? 내가 없는데 이 도시가 있겠습니까? 더 나아가 내가 없는데 이 지구촌이 있겠습니까? 내가 없으면 이 우주 만물, 그 어느 것도 존재할 수 없습니다. 이 우주 만물은 모두 나와 더불어 존재하는 것입니다. 그렇기 때문에 내 입장에서 보면 내가 주인공입니다. 바로 내가 이 우주의 주인공입니다.

　그런데 참 나를 잊어버린 채 조그마한 이 몸뚱이만이 진정한 내 것인 줄 착각하고 여기에 집착해 살아가고 있습니다. 진정으로 참 나를 깨닫고 보면 우주와 내가 둘이 아닌 한 몸인 것을 알게 됩니다. 여러분이 그 사실을 깨달을 때, 비로소 모든 고통과 근심과 부조리에서 해방될 수가 있습니다. 이것이 부처님의 가르침입니다.

　부모나 자식이 모두 당신과 한 몸뚱이임을 알고, 나아가서 우주 만물 역시 당신과 다를 바 없으며, 이 모든 삼라만상을 당신의 몸과 같이 차별 없이 보시는 분이 바로 부처님이라는 것을 잘 알고 있습니다. 우리 역시 부처와 같은 바로 그런 존재입니다. 그것을 간절한 마음으로 깨닫게 될 때 고뇌는 마침내 끝나게 될 것입니다.

　고도로 발달된 과학문명 속에 살고 있는 서구인들 사이에 최근 불교에 대한 관심이 부쩍 고조되고 있습니다. 과학문명이 어렵게 밝혀낸 우주의 법칙들이 실은 수천 년 전 이미 부처님이 설하신 그 내용들의 일부라는 것을 알게 되었기 때문입니다. 더불어 과학문명이 발전할수록 정신문명은 점점 황폐해져 가는데, 부처님이 설하신 법들은 오히려 그 정신세계를 더욱 풍요롭게 해 주고 있다는 사실을 깨달았기 때문입니다. 부처님의 법보다 더 합리적이고 과학적인 논리는 찾아볼 수 없으며, 그것이야말로 이 세상을 고통에서 건지는 유일한 진리라는 것을 그들이 이제 알았기 때문입니다.

인류 역사상 이렇게 과학적이고 합리적인 말씀을 한 성인은 결코 흔치 않습니다. 우주의 근본 원리, 그 이치를 부처님처럼 합리적으로 말씀하신 고금의 성현은 찾아보기 힘듭니다.

불자 여러분, 큰 마음을 가지고 살아 봅시다. 불자님들은 지금 만나기 어려운 진리를 만나고 있습니다. 여러분의 고통, 모든 걱정 근심을 뿌리째 뽑아줄 수 있는 것이 바로 부처님의 가르침입니다. 그 어떤 종교의 교리도 고통의 뿌리, 괴로움의 뿌리를 확실하게 해결하는 방법을 일러 주지 않습니다. 팔만대장경을 빼놓고서는 이런 말씀은 그 어디에서도 결코 찾아볼 수 없습니다.

이 자리에 있는 여러분들은 선근이 있어 불법을 만나는 귀한 인연을 가졌습니다. 이 인연을 소홀히 여기지 마시고, 사형선고를 받은 이 몸뚱이를 내 몸뚱이로 착각하지 마시고, 하루속히 참 나가 누구인가, 참 마음은 어떻게 생겼는가, 이렇게 끊임없이 자기를 찾는 수행을 해야 됩니다.

자기를 찾아가는 방법은 아주 많습니다. 팔만사천 경전이 모두 참 자기를 찾아가는 방법을 일러 주신 말씀입니다. 그런데 그중에서도 가장 정확하고 가장 빠르게 자기 부처를 찾아가는 길이 있습니다. 그것이 바로 화두를 참구하는 참선 수행법인 간화선 수행입니다.

　간화선看話禪! 볼 간看 자, 말씀 화話 자, 터 닦을 선禪 자로 이루어진 이 간화선은 화두를 참구하는 선 수행입니다. 선 수행에는 크게 두 가지 종류가 있습니다. 하나는 간화선이요, 또 다른 하나는 묵조선默照禪입니다. 묵조는 모든 생각을 버리고 조용히 앉아 팔만사천 번뇌가 싹 끊어지게 본래 마음을 관조하는 것을 말합니다. 그런데 묵조선을 하다 보면 전생에 익힌 습이 많아서 잠시 앉아 있는 중에도 온몸이 아프고, 또 망상이 생겨서 수행을 그대로 유지하기가 대단히 어렵습니다. 그런데 간화선은 화두라는 의심 덩어리 하나를 잡고, 그 의심을 향해서 열심히 정신을 집중시키는 것입니다.

　사람의 마음은 항상 하나입니다. 전前 생각이 끊어져야 후後 생각이 일어나는 것입니다. 따라서 오로지 화두에 대한 의심 덩어리를 가지고 거기에 집중을 하면 다른 생각들이 일어나려야 일어날 수가 없습니다.

　이러한 화두의 종류는 1,700여 개나 있습니다. 이 중에서 우리나라 큰스님들이 가장 많이 이야기해 주신 것은 여러분들도 잘 알고 있는 시심마是甚麽 화두, 조주무자趙州無字 화두, 정전백수자庭前栢樹子 화두, 만법귀일萬法歸一 일귀하처一歸何處 화두 등입니다. 여기에 더해서 전강 스님께서는 판치생모板齒生毛 화두를 후학들에게 가르쳐 주셨습니다.

　산승이 금오 선사로부터 받은 화두는 시심마, 즉 '이 뭣고?' 화두였습니다.

吾有一物　　　　오유일물
　　上柱天下柱地　　상주천하주지
　　明如日黑似漆　　명여일흑사칠
　　常在動用中　　　상재동용중
　　收不得者　　　　수부득자
　　是甚麽　　　　　시심마

　　나한테 한 물건이 있으니
　　하늘을 떠받들고 땅을 받치며
　　밝기는 해와 같고 검기는 칠통과 같아
　　항상 움직이어 쓰는 가운데 있으나
　　거두려 해도 거둘 수 없는 놈
　　이것이 무엇인고?

"이것이 무엇인고? 이것이라는 이놈이 무엇인고?"

금오 선사께서는 그것을 알아보라고 이 산승에게 가르침을 주셨습니다.

고등학교 때 수학여행을 갔다가 그곳이 하도 좋아서, 여름방학이 되자 공부를 핑계로 다시 찾아갔습니다. 우연한 기회에 금오 스님의 '이 세상 모든 사람이 전부 산송장들이다. 송장들이 공부를 해서 뭐하겠느냐? 네가 네 마음을 찾아라'라고 하신 그 말에 매료되어서 이렇게 승려가 되었다는 사실은 이미 앞에서 밝힌 바 있습니다. 승려가 되어서 참구한 첫 화두가 바로 시심마 화두였습니다. '이것이 무엇인고?'

화엄사에 가면 금정암이라는 암자가 있습니다. 그곳에서 스물세 살의 저는 일곱 살, 열세 살 먹은 두 동자와 함께 은사 스님을 모시고 수행하고 있었습니다. 새벽 세 시에 일어나 도량석을 한 다음, '이 뭣고' 화두를 들고 참선을 하는 것이 하루 일과였습니다. 그런데 참선을 위해 좌복에 앉으면 다리에 하중이 실려 통증을 유독 심하게 느꼈고, 거기다 또 졸음은 왜 그렇게 쏟아지는지 도무지 정진에 집중할 수가 없었습니다. 변명 같지만 여기에는 다 그럴만한 이유들이 있었습니다.

사실 저는 중·고등학교 때 축구 선수로 활약한 적이 있습니다. 축구 부장까지 해 보았지만, 경기에 나가서 한 번도 승리해 보지 못하였습니다. 이기고 지는 것을 내 뜻대로 할 수는 없는 노릇이겠지만, 명색이 부장이다 보니 팀이 한 번도 승리하지 못한 것이 꼭 내 책임인 것 같아 내내 미안한 마음뿐이었습니다. 결국 축구를 그만두게 되었는데, 책임에 대한 부담감이 큰 단체운동은 맞지 않는다는 생각을 했던 것 같습니다. 그 이후에 택한 것이 다소 개인적인 운동이라 할 수 있는 태권도였습니다. 태권도를 열심히 해서 출가하기 전에 5단까지 딴 유단자가 되었고, 한때 전라북도 오수라는 지역에서 체육관을 만들어 관장까지 한 적도 있습니다.

이렇듯 출가 전에 운동을 많이 한 탓인지 유난히 체격이 좋았던 저로서는 그 큰 몸집으로 인해 수행하는 데에 남들보다 더 많은 어려움을 겪었던 것입니다. 졸음도 마찬가지입니다. 새벽 정진을 마치고 5시가 되면 아침 공양을 짓습니다. 나머지 두 동자는 아직 어린 나이인지라 잠에 빠져 있기 일쑤고, 그래서 공양 준비는 늘 혼자 해야 했습니다. 아침 6시, 공양을 마치고 설거지를 한 뒤에는 산에 가서 나무를 또 두 짐 정도 해 와야 합니다. 나무를 해서 돌아오면 금방 사시가 됩니다. 그러면 다시 공양을 지어 부처님 전에 사시마지 올리고, 또한 큰 스님 전에 점심 공양을 올리고 공양이 끝나면 설거지를 하고 오후에는 오전에 해 온 나무를 잘라 장작을 패야 합니다. 이 일이 끝날 때쯤이면 다시 저녁 공양을 준비해야 됩니다. 이렇게 모든 일과를 다 끝내고 저녁 7시부터 정진에 들어가는데, 하루 종일 일하고 피곤한 몸으로 앉아 있으려니 다리가 아프고 도저히 공부가 안 돼요. 이렇게 하기를 1년 반쯤됩니다. 일체유심조, 내 마음을 찾으려고 승려가 되었는데 무슨 노예도 아니고, 도저히 이렇게는 안 되겠다는 철없는 생각에 결국 암자에서 도망쳐 나왔습니다. 그때 제가 다다른 곳이 바로 실상사였습니다. 전라남도 지리산에 있는 화엄사에서 전라북도 지리산의 실상사로 도망간 것이지요.

실상사 위에 약수암이라는 암자가 있습니다. 그때 그곳에 계신 어른 스님이 월인 스님이었는데, 이 스님은 아홉 살 먹은 행자 하나 데리고 살면서 손수 공양을 지어 혼자서 발우 공양을 할 정도로 철저하게 살고 계셨습니다. 그런데 우리 스님이 화엄사 조실로 계실 때에 해·결제가 되면 반드시 법문을 들으러 오셨지요. 그때 뵌 인연으로 그 어른을 찾아가게 된 것입니다.

"스님, 제가 지난 일 년 반 동안 '이 뭣고'를 가지고 수행을 해 왔습니다. 그런데 다른 해야 할 일이 너무 많아서 정작 화두는 잘되지 않고 수행에 진전이 없습니다. 결국 이렇게 도망을 나와 버렸는데, 나를 찾는 수행을 여기서 그만둘 수는 없습니다. 제발 딴 데 정신 쏟지 않고 공부에만 전념할 수 있는 그런 곳을 좀 알려 주십시오."

그때 월인 스님이 저를 천거해 주신 곳이 바로 지리산 상무주암이었습니다. 상무주암은 해발 1,600m 고지에 자리 잡고 있는데, 고려 보조 지눌 국사께서 초견성을 했다는 곳으로도 알려진 아주 멋진 곳이랍니다. 지리산 노고단에서부터 천왕봉까지는 거의 150리 길에 이르는데 상무주 암자에서 보면 150리 길의 산 준령이 꼭 병풍과 같이 쫙 펼쳐져 있어 천하의 절경이었습니다.

그런데 막상 상무주암에 도착해 보니 달랑 띠집풀로 지은 두 칸짜리 집만 있었어요. 6·25 때 다 불타고 없어져 버렸던 거지요. 방 한 칸에 부엌 한 칸, 방이란 곳도 평범치가 않아요. 방바닥이 고르지 않고 온통 울퉁불퉁했지요. 옛날 종단에 많은 신도님들로부터 존경받는 수진 스님이라는 분이 계셨는데, 그 스님이 도를 통하려고 일부러 그렇게 만든 방이라고 합니다. 그 방에서는 조금만 누워 있어도 허리가 아파 더 이상 배기지 못하고 일어나게 됩니다. 수행에 가장 방해가 되는 것이 바로 쏟아지는 잠입니다. 원인이야 어찌 되었든 나도 결국 그 졸음 때문에 수행처에서 도망쳐 나온 처지였으니, 잠을 쫓아 주는 그 울퉁불퉁한 방이 오히려 더 맘에 들었습니다. 이제 제대로 수행정진할 수 있을 것 같았습니다. 그런데 막상 지내려고 작정하고 나니 당장 먹을 것이 하나도 남아 있지 않았습니다. 전쟁 끝나고 다들 어렵게 살던 때였습니다. 도시도 그럴진대 산속 암자는 오죽했겠습니까? 그래서 궁리해 낸 것이 탁발이었습니다. 예전에 체육관을 하며 살던 오수라는 곳에는 먼 친척뻘 되는 부자 한 분이 있었어요. 그분을 찾아갔습니다. 내가 도를 통하고 싶은데 당장 먹을 양식이 없어서 그러니 쌀 한 가마니만 보시하라고 청을 했습니다. 그때 쌀 한 가마니면 논 한 마지기에 해당할 만큼 많은 양이었습니다. 그런데 이 양반이 선뜻 쌀 세 가마니를 내어 주는 게 아닙니까? 그렇게 탁발한 쌀 세 가마니를 절 아랫동네에 실어다 놓고 사흘에 걸쳐 상무주에 옮겨 놓았습니다. 부엌 가득 쌀가마니를 쌓아 놓고 보니 이제 은근한 오기가 생겨났습니다.

'이 쌀을 다 먹을 때까지도 내 마음을 찾지 못한다면, 더 이상 살 가치가 없다. 나는 마땅히 이곳에서 죽으리라.'

목숨을 건 비장한 각오가 아닐 수 없었습니다. 반찬이라곤 간장 한 단지와 텃밭에 아무렇게나 자라고 있던 상추가 전부였지만 그런 것들은 전혀 문제될 게 없었습니다. 본격적인 정진에 들어가기 전에 먼저 삼칠일 동안 기도를 올리기로 했습니다. 도를 통하려면 마장이 생기고, 이 마장을 없애기 위해서는 열심히 기도해야 한다던 은사이신 금오 큰스님의 말씀이 생각났기 때문입니다.

처음에는 석가모니불 정근을 했습니다. 그 당시 저는 은사 스님의 영향으로 오로지 참선에만 관심이 있었지, 다른 경전 공부에는 별다른 신경을 쓰지 못했습니다. 그래서 간신히 『천수경』만 외워 석가모니불 정근을 했습니다. 이후 부처가 되려면 지혜가 있어야 된다 해서 지혜 제일인 문수보살 정근을 이어갔습니다. 또 그 다음에는 대행 보현보살 정근을 했는데, 지혜만 있고 실천이 없는 도는 죽은 도라고 여겼기 때문입니다. 대행 보현보살 정근을 하고 나서는 자비를 베풀어야 한다는 생각에 대자대비 관세음보살 정근을 했습니다. 이렇게 정근을 이어 갔지만 여전히 무언가 부족하다는 것을 느꼈습니다. 세상 사람들이 지금 전부 산송장과 다름없는데 이들을 진짜로 살게 만들려면 무엇보다 지장보살과 같은 원을 세울 필요가 있었습니다. 그래서 하루 스물네 시간 동안 밥 먹고 아궁이에 불 땔 때에는 것 말고는 계속 불보살님 명호만 불러댔습니다. 삼칠일 동안 이 기도를 마치고 나니 이제는 공부를 해도 되겠다는 자신이 생겼습니다. 화두는 여전히 '이 뭣고?'였습니다. 이 화두를 들고 참선에 들었습니다.

그때가 초봄 무렵이었습니다. 이미 가 보신 분들은 아시겠지만, 상무주암 바위 밑에서 물이 솟아 샘이 되고 그 밑으로 약 15~16m 정도 물이 흐르는 도랑이 있는데 초봄이 되어 개구리들이 짝짓기를 하려고 애인을 부르는지 그 도랑 물줄기 속에서 시끄럽게 울어대는 거예요. 참선을 하려고 '이 뭣고' 하고 앉아 있으면 어느 틈엔가 '이 뭣고'는 없어져 버리고 개구리 놈들 우는 소리만 계속 들려옵니다.

'아, 이놈의 개구리 새끼들이 내 공부를 방해하는구나.'

마장을 없애려고 삼칠일 동안 그토록 열심히 기도를 했는데, 얼토당토않게 개구리한테 방해를 당한다고 생각하니 화가 나지 않을 수 없었습니다. 그래서 나뭇가지를 하나 주워 들고 그 개울물을 한 바퀴 확 휘저어 버렸습니다. 그러고 나니 좀 잠잠해졌어요. 그런데 이게 그다지 오래가지 않았습니다. 이내 다시 개구리들이 모여들어 마구 울어 댑니다. 그러면 또 나뭇가지로 휘저어 놓고……. 이렇게 몇 번을 반복하다 마지막에 느낀 것이 있었어요. 화두가 잘 들렸을 때에는 개구리가 아무리 울어 대도 그 소리가 전혀 들리지 않았다는 사실을 알게 된 것입니다.

여러분, 여러분도 이러한 경험을 흔히 겪어 보았을 것입니다. 어떤 것에 관심을 가지면 그 소리가 들리지만, 관심을 갖지 않으면 나와는 아무 상관없는 것이 되어 버립니다. 그 소리가 좋기도 하고, 나쁘기도 한 것은 거기에 관심을 가지고 있기 때문입니다. 밤하늘을 바라보지 않는다면 별이 뜨든 달이 지든 무슨 상관이겠습니까? 거기서 어렴풋이 느낀 바가 하나 있습니다. 화두일념話頭一念이 되었을 때에는 개구리가 아무리 울어도 나하고는 아무런 상관이 없구나, 우는 놈은 개구리가 아니라 바로 월탄, 내가 울고 있었구나! 아하, 일체유심조로다!

원효 스님의 그 유명한 일화가 생각났습니다. 원효 스님이 의상 스님과 함께 당나라 유학을 가던 중에 일어난 일입니다. 하루는 밤에 목이 말라 어둠 속을 더듬거려 표주박 같은 것에 담긴 물을 벌컥 마셨는데, 그 맛이 꿀처럼 달콤한 감로수였습니다. 그 이튿날 날이 밝자 원효 스님은 머리맡에 웬 해골바가지가 놓여 있는 것을 발견하게 됩니다. 옛날에는 아이가 죽으면 더러 조장을 했는데 그런 아이의 해골이었습니다. 간밤에 마신 감로수가 실은 해골 썩은 물이라는 것을 알게 된 원효 스님은 갑자기 역겨워져서 간밤에 먹은 물을 토해 내려고 애썼습니다. 그러다 문득 큰 깨달음을 얻게 됩니다.

'삼계가 오직 마음이요, 만법은 오직 일심일 뿐이다. 마음 밖에 법이 없는데 어찌 따로 구할 것이 있으랴. 나는 당나라로 가지 않겠다.'

그리고는 의상 스님과 헤어져 신라로 돌아오게 된 것이지요.

『금강명경』에 '심생즉 종종법생心生卽 從從法生이요, 심멸즉 종종법멸心

滅卽 從從法滅이라. 마음이 일어나면 모든 만물이 생겨나고, 마음이 없어지면 곧 모든 만물도 사라지게 된다'라 했습니다. 모두가 마음의 조작이라는 뜻입니다. 그날 개구리 울음소리에 깨닫게 된 저 역시 부엌 벽에다가 이렇게 써놓았습니다.

夕陽靑蛙一聲鳴哭　　석양청와일성명곡
十方世界無吾我　　　시방세계무부아
석양 푸른 개구리 한번 우는 소리에
시방세계가 나 아님이 없구나.

'이 세계가 모두 다 아我 아님이 없구나. 모두가 다 내가 창조했구나. 아, 그렇구나!'

수행을 시작한 지 불과 석 달도 채 안 되어서 이와 같은 경계를 맛보고 나니 정말 기뻤습니다. 도통할 때까지 먹겠다고 탁발해 놓은 쌀이 세 가마니였는데 쌀은 한 가마니도 채 줄지 않았습니다. 남은 쌀을 보니 얼씨구나, 자비심이 발동했습니다. 그래서 쌀을 서 말씩 짊어지고 오후에 15리쯤 되는 등구 마천이라는 마을로 내려갔습니다. 그때만 해도 보릿고개가 심해서 굶고 사는 사람이 허다했어요. 마을 사람들에게 쌀 한 됫박씩 나눠 주기로 했습니다. 그러면 마을 사람들은 쌀 얻어 가는 재미로 모두 모여들어요. 사람들이 모이면 거기서 법문을 시작했습니다.

"여러분! 왜 여러분은 하필 이 가난한 나라, 외진 산골짜기에 태어났습니까? 여기보다 살기 좋고 경제적으로 윤택한 곳이 얼마나 많은데……. 이곳 생활이 뻔하지 않습니까? 나무 베다가 겨우 목기나 만들어 팔고, 밭도 변변찮아서 채소 하나 제대로 가꿔 먹지 못하는 지경 아닙니까? 왜 이렇게 되었는지 궁금하지 않습니까? 여러분들이 과거에 복을 짓고 덕 쌓는 생활 대신 항상 얻어먹는 마음으로 가난한 마음을 썼기 때문에 궁핍한 이곳에 태어나게 된 것입니다. 그렇다고 해서 이왕 이렇게 태어난 것 죽을 때까지 이 모양으로 그냥 살아야겠다고 생각하면 안 됩니다. 여러분은 충분히 발전할 수 있습니다. 오늘부터 여러분들의 생활신조를 바꾸면 됩니다. 어떻게 바꿀 것이냐. 나를 도와달라고 하는 마음을 갖지 말고, 얻어먹을 마음을 갖지 말고, 어떻게 남을 도울까를 궁리하면 됩니다. 어떻게 부모님을, 아들딸들을 그리고 친척과 이웃을 도울까라는 마음으로 삶의 가치관을 바꾸십시오. 그렇게 마음을 바꾸는 순간 여러분은 점점 마음에 여유가 생기고 또한 점점 옳고 바른 일을 하게 되어서 자연히 부자가 될 것입니다."

이렇게 대엿새 정도를 신이 나서 법문하고 다녔습니다. 그러던 어느 날 문득 의심이 들었습니다. 절에서 마을로 올라갔다 내려갔다 하면 다리가 아픈 거예요. 일체가 유심조라 했는데, 다리 아프고 싶은 마음이 전혀 없었는데도 다리는 아파요. 배고프지 말라고 하면 배가 고프지 않아야 하는데도 아니에요. 마음과는 상관없이 배도 고프고 다리도 아프더란 말입니다. 일체가 유심조인데 말입니다.

아! 이것, 깨달은 것이 진짜가 아니구나! 이것은 아니다, 이것은 아니야. 다시 정진에 들어갔습니다. 다시 앉아서 일체유심조라는데 왜 마음이 뜻대로 안 되는 건가, 이 마음을 또다시 추슬렀습니다.

"마음아! 마음아! 너는 도대체 어떻게 생겼느냐? 진정한 마음이 어떤 놈이냐? 마음아, 마음아, 이 뭣고, 이 뭣고, 이 뭣고? 아무리 찾고 찾아도 마음은 형체가 없어 눈으로 볼 수도 없고 손으로 만질 수도 없구나. 아아! 마음은 텅 빈 허공과 같은 것이로구나. 공공空空……"

그렇게 열심히 하다 보니 삼매에 들었습니다. '이 뭣고' 화두를 들고 삼매에 들어서 사흘 낮 사흘 밤을 공삼매에 들게 된 것입니다.

삼매 체험 후 이런 것이 깨달음인가 느낄 수 있었습니다. 순수한 마음은 너무도 청정해서 먹는 것, 입는 것, 그 어느 것에도 걸림이 없이 자유로웠습니다.

'아, 이거구나! 이것이 바로 깨달음이구나!'

과연 이번에는 진짜로 옳게 깨달았는지 알아보기 위해 해인사 강원을 찾아갔습니다.

해인사 강원에 가서 체험한 것이 바로 '깨달은 것'의 본질과 같다는 것을 알게 되었습니다. 그런데 막상 깨달았다고는 하지만 중생을 제도할 방편이 하나도 없다는 것도 더불어 알게 되었습니다. 내가 모자라는 것이 너무 많구나, 중생을 제도하기 위해서는 더 정진해야 되겠구나. 그래서 초심부터 『능엄경』까지 강원의 전체 이력을 청강으로 들었습니다. 경을 공부해 보니 방편의 측면에서 너무 많이 부족했다는 사실을 새삼 확인할 수 있었습니다. 그래서 해인사 강원에서 죽도록 열심히 경전 공부에 매달렸습니다. 그런데 이때 또 하나의 마장이 생겼습니다. 무슨 마장이냐 하면 바로 1954년에 시작된 정화불사로 인해 강원 공부를 이어갈 수 없게 된 것이었습니다.

　1954년 6월 24일, 조계종 역사상 가장 큰 사건이라 할 수 있는 정화불사가 이날부터 시작된 것입니다. 선학원에 계신 모든 수좌 스님들이 앞장을 서서 한국불교의 정통성을 되찾기 위해 총 궐기하게 된 일이 바로 정화불사입니다. 효봉, 금오, 동산, 청담, 월하, 원허 등 64분의 선지식 스님들이 모여서 한국불교를 다시 1,600년의 전통 정법불교로 회복시키고자 정화불사를 시작했습니다. 당시 한국불교계는 대처승이 주류를 이루고 있었는데, 이들은 승려의 신분임에도 결혼을 한 자들이었습니다. 일제 식민통치의 잔재가 불교계를 어떻게 도탄塗炭에 빠뜨렸나를 알게 해 주는 대표적 사례입니다. 1954년 8월 24일, 수좌대표자대회에 참여하신 64명의 큰스님들이 바로 여기 조계사에 왔습니다. 그때부터 조계사는 수좌 스님들이 머무는 정화불사의 총본산이 됨과 동시에 한국불교의 상징적 존재로 자리하게 되었습니다.

　당시 이승만 대통령은 한국불교의 정통성을 되찾아야 한다는 정화불사를 적극 지지했습니다. 기독교 신자로 알려진 이 대통령이 불교계의 정화운동을 지지하게 된 데에는 불교와의 깊은 인연 때문이라고 합니다. 이승만 대통령은 삼각산 문수사에서 조상들의 기도 덕분에 태어난 분이라는 얘기가 있고, 여기에 더해 개인적으로는 스님들의 도움을 받은 인연도 있기 때문이라고 합니다. 이승만 전 대통령이 독립운동을 하던 당시, 왜경에게 쫓겨서 피난 간 곳이 바로 부모님이 기도를 했던 그 문수사였습니다. 그때 문수사에 계시던 스님이 자칫 잘못 연루되면 형무소에 갈 수도 있는 상황에서 위험을 무릅쓰고 이 대통령을 숨겨 주었다고 합니다. 그 고마움을 잊지 못해 대통령이 된 후 문수사를 찾아가셨답니다.

　문수사에 도착하니 그때의 그 스님은 이미 열반하고 안 계신데, 빨랫줄에 아이들 기저귀가 널려 있더랍니다. 그래서 "이것이 어떻게 된 것이냐? 절에 웬 아이 기저귀냐"라고 물었습니다. 이에 주지 스님이 대답하기를 "아, 우리는 일제가 강제로 결혼하라고 해서 어쩔 수 없이 결혼을 하다 보니 이렇게 아이들을 기르고 있습니다"라고 대답했습니다. '아! 왜놈들이 임진, 정유재란 때에 승군한테 당하더니 승려들의 힘을 무력화시킬 요량으로 가족을 만들게 했구나. 이것이야말로 왜색불교이다. 우리의 정통불교는 이런 것이 결코 아니다'라고 생각을 하게 되었답니다.

　그러고 다시 찾은 절이 정릉에 위치한 경국사였습니다. 당시 경국사에는 보경이라는 독신 비구승이 살고 있었습니다. 그런데 그곳은 조경도 잘 되어 있고 도량도 깔끔하게 정돈되어 있어 옛날에 갔던 그 삼각산 문수사와 똑같은 느낌을 받을 수 있었습니다. 그래서 "여기 사는 스님들은 장가를 안 갔습니까?" 하고 물으니 "우리는 독신승입니다. 일제가 결혼을 강요했지만 결코 그렇게 하지 않았습니다." 하였습니다. 보경 스님은 때맞춰 이승만 대통령에게 하소연을 했습니다.

　"일제의 온갖 압박에도 굴하지 않고 여기서 이렇게 열심히 살아왔습니다. 이제 한국불교가 제자리를 잡을 때가 되었습니다. 대처승에게 빼앗긴 불교 본래의 자리를 되찾도록 정부에서 도와주시기 바랍니다."

　이승만 대통령은 농지개혁 대상인 토지 중에서 사찰 소유인 것은 다시 돌려주도록 명령하였는데, 그래서 오늘날 사찰에 토지가 좀 남아 있게는 되었습니다.

또 한 가지 있습니다. 이승만 대통령이 효봉 스님, 금오 스님, 동산 스님, 원허 스님, 월하 스님 이렇게 한국불교의 대표인 다섯 분의 비구 스님을 한자리에 불렀습니다.

"일제의 잔재인 대처승이 판을 치다 보니 사찰이 유흥장이 되고 밥 장사 하는 곳이 되어 버렸습니다. 어떻게 대처승이 한국불교를 대표할 수 있겠습니까? 내가 도와줄 테니까 한국 고유의 전통불교를 살려 내 십시오."

대통령이 정화불사를 적극 지지하게 됨으로써 7,000명의 대처승을 상대로 4, 500명의 수좌 스님들이 주체가 되어서 정화를 시작하게 되었습니다. 그 정화불사의 본거지가 바로 조계사입니다.

조계사는 그런 곳입니다. 과거의 그 큰스님들이 단식기도, 할복, 혈서 등 위법망구의 순교정신으로 정화불사를 완성한 거룩한 곳입니다. 오늘의 조계종은 수좌 스님들이 정법불교 복원을 위한 위법망구의 순교정신으로 정진한 공덕으로 있게 된 것입니다. 수좌 스님들의 원력으로 정화불사를 이룩한 조계사에서 다시 그 후학인 현재의 수좌들이 간화선 중흥을 위한 법회를 마련한 것은 대단히 뜻 깊은 일이 아닐 수 없습니다.

불자 여러분, 본성은 무소유, 무집착, 청정무구한 구름 한 점 없는 가을의 저 푸른 허공과 같습니다. 그런데 중생은 그 허공에 모든 잡념을 꽉 채우고 있습니다. 탐·진·치, 삼독심과 백팔 번뇌가 가득 차 있습니다. 청정무구한 본심으로 돌아가면 구애됨 없이 항상 즐거울 수 있습니다. 본심本心은 본공적本空寂이요. 본래 마음은 항상 고요하여 부처님 마음이요. 본법本法은 본무생本無生이라. 우주 삼라만상 모든 형상을 가진 것은 본래 생사가 없습니다. 그것을 깨달아야 됩니다.

  몸뚱이는 무명업식으로 잠깐 나타났다 없어지는 가짜, 허환虛幻일 뿐입니다. 진짜 나는 본래 생함이 없습니다. 생함이 없는데 어찌 죽음이 있겠습니까? 이와 같이 확실하게 알게 되면 시명견불성是明見佛性이니라. 이것이 밝고 밝은 본래 생명자리인 부처를 보는 것입니다.

학산 대원
대종사

1958   고암 스님을 은사로 득도
1995   오등선원 개원
2013   원로의원(現)
2014   대종사(現)
학림사 오등선원 조실(現)
전국선원수좌회 공동대표 역임
제방선원에서 수행정진

·

닮아서
얻어지는 것이
아닌 것

·

대중께서는 아시겠습니까?

여러분과 제가 마주 보는 자리에서 바로 척 하니 계합契合을 해 바로 알아차리면 여러분은 일생동안 참선을 안 해도 됩니다. 닦아야 할 일이 없습니다. 또 세간이나 출세간의 일체 모든 법에 있어서 조금도 의심할 일이 없습니다.

여러분은 바로 이 자리에서 해결이 되어야 합니다. 만약 그렇지 않다면 일생 동안 종노릇하듯 항상 괴로움을 짊어지고 살아야만 되는 것입니다. 바로 이 자리에서 척 하니 해결되는 것이 무엇보다 중요합니다. 바로 알아차려야 된다는 말입니다. 혹 그렇게 하지 못하는 분을 위해서 이 산승이 게송을 하나 말씀드리겠습니다.

可笑天然物　가소천연물
不可修行得　불가수행득
直了此消息　직료차소식
佛祖與不他　불조여불타

가히 우습다, 천연한 물건이여
닦아 행함을 빌려서 얻어짐은 아니네.
바로 이 소식을 깨달아 알면
부처님과 조사와 더불어 조금도 다르지 않네.

제가 방금 게송을 읊어 드렸습니다. 무슨 뜻이냐 하면, '가소천연물可笑天然物이라, 가히 우습다, 천연한 물건이여'라는 말입니다. 천연한 물건, 이것은 누가 본래 만든 것도 아니요, 누가 지어 놓은 것도 아니요, 또한 무엇을 닦아서 만든 물건도 아닙니다. 그래서 본래부터 천연한 이 물건은 '불가수행득不可修行得'이라, 이 자리를 어찌 수행을 해서 얻으려고 하느냐, 이 자리는 닦아서 얻는 것이 아니라는 말입니다. 이 소식을 여러분이 이 자리에서 바로 알아 버리면 '불조여불타佛祖與不他'로다, 조사와 부처가 더불어 조금도 다르지 않다는 뜻이 됩니다.

간단한 것 같지만 여기에 모든 것이 다 들어 있습니다. 이 이치만 깨친다면 여러분은 더 이상 법문 들어야 할 이유가 없습니다. 그런데 자꾸자꾸 모자란다, 모르겠다, 좀 더 들어야겠다고 하는 분이 있습니다. 그래서 또 말씀을 드려야겠어요.

부처님은 설산에서 6년 동안 고행하시면서 수행을 하셨습니다. 안 해 본 것 없이 다 해 보셨습니다. 인생의 괴로운 문제, 나고 죽는 생로병사의 문제, 즉 중생이 해결하지 못한 이 문제를 부처님은 꼭 해결하겠다고 마음먹었기 때문에 6년 동안을 동분서주하면서 말할 수 없는 고행으로 정진을 하셨습니다. 어떤 선지식이 있다고 하면 낱낱이 찾아가서 묻고 공부를 했습니다. 그런데 사선정, 팔정도, 팔해탈까지 두루 섭렵하여 안 해 본 것 없이 다 하셨으나 마지막에 의심되는 바 하나를 풀지 못했습니다.

그래서 스스로 보리수나무 밑에 앉으면서 이 문제를 해결함으로써 모든 일체 중생의 어려움을 덜어 주어야겠다고 생각하시고 그것에 생사를 걸었습니다. 생명을 걸고 일주일을 앉아 용맹정진을 했고, 마침내 턱 하니 새벽에 별을 보고 깨달았습니다. 그리고 이렇게 생각하셨습니다.

'아, 참 안됐다. 본래부터 천연하여 누가 만든 것도 아니요, 본래부터 누가 조장한 것도 아닌 천연한 이 소식을 내가 정말 몰랐구나. 나에게 이것을 바로 가르쳐 주는 선지식이 있었더라면 내가 왜 6년 동안을 그렇게 동분서주하면서 헤맸겠는가. 헤맬 일이 없었는데……. 아, 선지식이 없었기 때문에 혼자 그것을 찾다 보니 6년을 허송세월했구나. 지금 이 자리에서 깨닫고 보니 모든 중생이 부처님과 조금도 다르지 않고, 불성은 모두가 다 똑같이 평등하게 가지고 있는 것이구나.'

부처님이 깨달으신 것처럼 지혜 덕성을 본래 누구나 다 가지고 있습니다. 만 가지 덕과 만 가지 지혜와 만 가지 복과 모든 것을 조금도 모자람 없이 다 구족되게 가지고 있다는 거예요. 그래서 부처님은 그 길로 열반에 들려고 했습니다. 왜냐하면 누구나 다 가지고 있다는 걸 깨달았는데 "여러분이 이것 없으니까 가져가시오" 하면 거짓말이 되지 않습니까? 그러니까 설법할 일이 없습니다. 이것이 부처님이 열반에 들려고 한 이유입니다.

하지만 그때 하늘의 제석천신께서 내려오셔서 말씀하십니다.

"이러시면 안 됩니다. 부처님이 볼 때에는 일체가 똑같이 부처님과 조금도 다르지 않고 차별 없이 평등하게 가지고 있지만, 범부중생은 아직 그것을 모릅니다. 그러니 다 똑같이 가지고 있다는 것을 범부중생에게 알려 주십시오. 그래야 중생들이 '아, 그렇구나. 우리도 부처님과 똑같구나. 모든 것을 다 가지고 있구나. 다르지 않구나!'라고 알게 되지 않겠습니까? 부처님께서 입 다물고 가시면 당신 혼자는 아시지만 중생은 어떻게 알겠습니까? 그러니 중생을 위해서 설법해 주십시오."

이렇게 해서 부처님께서는 일생 동안 설법에 나선 것입니다. 부처님께서 일생 동안 말씀하신 그 의지는 다른 것이 아니라 중생이나 부처님이나 조금도 다르지 않고 똑같이 평등하게 지혜덕상을 다 가지고 있다, 여러분이 부처님과 똑같다는 사실을 가르쳐 주셨습니다. 바로 이 자리를 여러분이 즉시 보고 알라고 합니다. 애먹고 생각하고 헤아리고, 의심하고 닦고 어쩌고 이런 생각할 것이 아니라 직하에서 바로 보고 알아야 합니다.

부처님께서는 간절하게 이 말씀을 전하셨습니다. 또한 중국을 비롯해서 역대 조사 스님들도 6년 고행하신 부처님의 뜻에 어긋나지 않게 간화선 선법을 중생에게 드날려서 공양을 베풀었습니다. 스승들이 이렇게 애써 가르쳐 주는데도 어째서 중생은 그 이치를 쉽게 깨닫지 못하는 것일까요? 부처님께서는 이 점을 안타깝게 여겨 중생의 마음을 살펴보았습니다. 결국 중생은 망상에 집착해 있기 때문에 능히 이 자리를 바로 알지 못했던 것입니다.

여기에 대해서 또 게송으로 한 말씀 드리겠습니다.

妄心本來空　　망심 본래 공
不住有無空　　부주유무공
大力過量人　　대력과량인
頭頭皆漏泄　　두두개루설

망상과 마음이 본래 공하여

있고 없는 공에 머무르지 않도다.
큰 힘을 가진 사람은 분량의 한계를 지나가니
두두물물이 다 이 소식을 누설함이로다.

여러분이 자신을 돌이켜 볼 필요가 있습니다. 나를 가만히 돌이켜서 마음 따로 몸 따로 있지 않음을 한번 본다는 뜻입니다. 가만히 들여다보면 마음도 망상도 일체가 본래 공空이어서 흔적이 없습니다. 그래서 그 자리를 보고 난 뒤에는 '부주유무공不住有無空'이라, 있다, 없다, 공했다는 데에 머무르지 않음을 알 수 있습니다. 유무와 공, 더 나아가 그 중간에도 머무르지 않습니다. '대력과량인大力過量人'이라, 큰 힘을 갖춘 사람은 어떤 양의 한계를 뛰어넘을 수 있습니다. 즉 어떤 한계를 지나간다는 것이지요. 모든 한계를 넘어갑니다. 넘어간 사람이니 '두두개루설頭頭皆漏泄'이로다. 천태만상 두두물물이 모두가 다 항상 이 자리를 역력하게 누설을 하고 있습니다.

여러분이 일상생활 속에서 한 생각만 바로 돌이켜서 나를 보면 거기에서 몽땅 해결이 되는 것입니다. 오늘 제가 말씀드린 이 뜻을 아시겠습니까?

사실은 혜가 대사처럼 수백 리 밖에서 발에 피가 나도록 찾아와 삼일 동안 눈이 쌓여도 일어나지 않고 엎드려 법을 구하는 자세가 필요합니다. 그때 한마디 해 주면 됩니다. 그럴 때에는 척 해결이 됩니다. 여러분이 법을 구하는 간절한 마음, 정말 갈구하는 마음, 그것이 있어야 한마디 턱 일러 주고 주장자만 들어 보여 주어도 '아하! 알았습니다.' 이렇게 됩니다. 더 이상 말할 것이 없습니다. 간절히 구하는 그 마음이 하늘 끝까지 쳐서 올라갈 수 있도록 커야 되는데 그렇지 않은 사람한테 자꾸 뭐라고 해 봐야 그것이 마음에 쏙 들어가지 않습니다.

[주장자를 들어 보이며] 이걸 보십시오. 이것은 부처니 조사니 해도 그 말 가지고는 가까이 갈 수가 없습니다. 얻지를 못합니다. 그러면 어째서 부처라 해도 얻지 못하고 조사라 해도 얻지 못하느냐. 그러면 이것이 무엇이냐는 것이지요.

만약 이름을 붙인다면 부처 아니면 조사이고, 조사가 아니면 범부인데 결국 이와 같은 이름이 다 옳지 못합니다. 부처니 조사니 이름 붙여도 맞지 않고, 물건이니 마음이니 해도 일체가 다 맞지 않고 거리가 멀다는 뜻입니다.

그럼 어떻게 해야 하는 것이 옳은 것일까요?

鯨飮海水盡　　경음해수진
露出珊瑚枝　　노출산호지
海神知貴不知價　해신지귀부지가
留與人間光照夜　유여인간광조야

고래가 바닷물을 마셔서 다하니
산호 가지가 드러남이로다.
바다의 용왕신이 그 귀한 줄을 아나 그 값을 알지 못하며
인간세계와 어두운 밤을 광명이 비침이로다.

고래가 바닷물을 모두 마셔 없애 버리니 아주 맑은 산호 가지가 확연히 다 드러나서 산호 가지마다 하늘에 있는 달이 조롱조롱 달려 있더라. 바다의 용왕신이 그 귀한 줄을 알지만 그 값이 얼마나 나가는 줄을 알지 못하더라. 이 세상의 모든 사람과 더불어서 그 광명을 밤에 떡 비치니 해와 달은 그 빛을 잃어버렸다는 말입니다.

이미 알고 있는 분도 있겠지만 왜 간화선이라는 이름을 붙였는지 그 의미를 알아야 합니다. 제가 출가해서 제일 처음 편강 스님이라는 분을 만났습니다. 그 스님은 일본의 대학에서 공부를 하고, 묵조관법默照觀法을 하신 분이었습니다. 스님께서 처음에 관법을 하라고 말씀하셨습니다. 그런데 어떻게 해야 하는지를 몰라 그 방법을 여쭈었습니다.

"안으로 네 마음이 일어나고 사라지는 것을 가만히 들여다보아라. 그러면 거기에서 일체 마음의 망상이 쉬어지고 마음이 고요해지고 편안해짐을 느낄 것이다. 그리하여 그곳에서 네 문제가 해결될 것이다. 가만히 마음이 일어나는 것을 살피고 너라는 것을 살펴보라!"

스승께서 일러주신 대로 열심히 따라했습니다. 그렇게 하다 보니 아, 어느 틈엔가 나도 모르게 마음이 편안해지고 안정이 되고 조용해지고 쉬어지고 좋아졌습니다. 그런데 마지막에 가서 아무리 해도 뭔가 하나의 의문점은 풀리지 않았습니다. 딱 떨어지게 해결이 되어야 하는데 그게 잘되지 않았습니다. 그때 저는 4~5년간 공양주를 하면서 열심히 행자 생활을 하고 있었습니다. 그 당시 인천 보각사에 전강 스님께서 조실을 하시다가 가신 뒤 만옹 스님께서 조실을 하셨지요. 그 후 만옹 스님은 직지사에 조실로 와 계시다가 또 남장사에 계셨습니다. 하루는 조실 스님께서 올라오셔서 물으셨습니다.

"너 요사이 밥을 잘하는구나. 그래, 나한테 뭐 물어볼 것은 없느냐?"

"예, 딱히 물어볼 것은 없습니다."

"공양주를 하더라도 공부를 하면서 해야 하는 법이지, 그냥 놀면서 하면 안 된다. 그래 무슨 공부를 하느냐?"

"저는 제 마음 안에서 일어나고 꺼지는 마음 그 자체를 가만히 들여다보고 있습니다."

"아, 그래? 그렇게 하니 어떻더냐?"

"제가 환히 다 압니다."

"그래, 뭘 아느냐?"

그때 당시에는 마음 들여다보는 것을 열심히 하니까 환히 알아지는 것이 있었습니다. 예를 들면 기도하러 오는 신도가 며칠 뒤에 몇 사람이 오는지, 심지어는 사람들의 심리까지 훤히 들여다보이는 것이 아니겠습니까? 저 사람이 무슨 생각을 하고 있고, 저 사람이 여기 오기 전에 무슨 짓을 하고 왔다는 등 믿기지 않겠지만 그런 것들이 훤히 다 보였던 것입니다.

그때 당시에는 군대에 가지 않으려는 군 기피자들이 더러 절에 와 머물렀습니다. 신통력이 있으니 순경이 잡으러 오는 것을 미리 볼 수 있었습니다. 그럴 때면 피하라고 언질을 주곤 했습니다. 그런 일뿐만 아니라 며칠 뒤에 스님들한테 어떤 편지가 온다는 것까지 다 볼 수 있었습니다. 내게 일어나는 이런저런 일들을 조실 스님께 모두 말씀드렸습니다. 딴에는 아주 우쭐한 마음도 없지 않았습니다.

"이것이 견성한 것 아닐까요?"

"뭐, 뭐라? 야, 이거 잘못하면 절에 무당이 하나 나오게 생겼다. 이거 큰일 났다."

그리고 주장자를 들어 탁탁 이렇게 세 번을 치셨습니다.

"이것이 지금 무슨 법문을 하더냐?"

아, 그런데 그 순간 갑자기 앞이 캄캄해져 도무지 알 수가 없고, 입이 딱 붙어 도무지 대답을 할 수가 없었습니다. 입이 붙어서 대답 못하는 것은 참겠는데, 이제까지 훤히 알았던 앞일들이 순식간에 다 없어져 버렸지요. 참 기가 막힐 노릇이 아닐 수 없었습니다. 뭘 좀 훤히 알았다 싶었는데 그것조차 없어져 버리고 사방이 캄캄해져 버리니 얼마나 답답했겠습니까? 이제 아무것도 모르는 상태가 되었으니 멍청하게 가만히 앉아 있을 수밖에 달리 도리가 없었습니다.

"네가 무엇을 훤히 안다더니, 왜 여기에 대답을 못하느냐?"

조실 스님께서 크게 호령을 하시더니 이번에는 주장자로 어깨를 냅다 내려치는 게 아닙니까? 맞고 나니까 더 캄캄해졌습니다. 더 모르겠어요. 무언가를 미리 안다는 것이 재산이었는데 그 재산이 다 없어져 버리고 아무것도 남아 있지 않았습니다. 아무 소용도 없었습니다.

그때 조실 스님께서 또 한 대 내려치셨습니다.

"이놈아, 이것을 알지 못하면서 네 놈이 뭘 안다고 그러느냐. 너는 모른다. 그러니 올라가서 이것을 알아보라."

그 길로 공양실에 올라와 밥을 했습니다. 행자의 소임이니 그것마저 게을리 할 수는 없었습니다. 그때에는 청솔가지로 불을 때서 밥을 했는데 쌀을 씻고 밥을 안치고 다시 불을 때면서도 머릿속에는 온통 한 가지 생각만 맴돌았습니다.

'아, 이것이 도대체 무슨 법문을 하나?'

이 생각이 잠시도 떠나지 않고 계속 이어졌습니다. 황망 중에 된통 당한지라 그나마 알던 것이 다 없어져 버린 마당에 '아, 도대체 이것이 무슨 법문을 하나', 이 생각만 머릿속에 계속 떠올랐습니다.

'어째서 이것이 무슨 법문을 한다고 하시는 건가. 주장자 세 번 쳤는데 도대체 무슨 법문을 했단 말인가.'

몇 날 며칠을 오로지 그 생각만 떠올리고 있었습니다. 그러던 어느 날, 여느 때와 다름없이 밥을 짓느라 아궁이에 불을 지피는데, 그때 갑자기 부엌도 없어지고 집도 없어지고 부엌에 활활 타던 그 불구덩이가 우주 법계에 꽉 차 버리는 신기한 광경을 보게 되었습니다. 불이 범상치 않았습니다. 불구덩이가 꽉 차서 조그만 틈도 보이지 않았습니다. 이건 무슨 조화일까, 신기하기도 하고 이상하기도 해서 가만히 있었더니 느닷없이 밥솥에서 밥이 부르르 끓어 넘치면서 김이 올라왔습니다. 그런데 갑자기 뭔가 따끔한 느낌이 전해졌습니다. 알고 보니 고무신에 불이 붙어 있었는데, 미처 그것을 눈치 채지 못했던 겁니다. 얼른 정신을 차리고 보니 그때서야 천근만근이 된 짐을 내려놓은 것같이 시원하고 기분이 정말 좋아졌습니다. 손뼉을 탁 치고 '아! 주장자 세 번 친 것이 무슨 법문을 하느냐, 그것 별것이 아니다'는 생각이 들었습니다. 곧장 총무 스님에게 달려가 말씀드렸습니다.

"스님! 제게 좀 이상한 일이 있었는데 말씀드려도 되겠습니까?"

"행자가 맡은 일이나 할 것이지 무슨 말이 이렇게 많아. 어서 가서 하던 일이나 마저 해."

"그런 것이 아니고······."

"아니, 이 자식 좀 봐. 하던 일이나 제대로 하라니까!"

결국 아무런 말씀도 못 드리고 다시 공양간으로 돌아와 종일 일만 했습니다. 그 다음날도 마찬가지로 일만 죽자고 했는데 그 생각이 떠나지 않아 이젠 일이 제대로 손에 잡히지 않을 지경까지 되었습니다. 도저히 참지 못하겠다 싶어 다시 스님을 찾아뵈었습니다.

"총무 스님, 꼭 드릴 말씀이 있습니다."

"아, 이거 귀찮아 죽겠네. 뭐야 도대체."

"아, 제가 이러이러한 것이 있었습니다. 그러니 도대체 이것이 어떤 소식입니까?"

"그래? 다시 말로 해 봐."

"나는 게송을 쓸 줄 모르니 스님이 적어 주세요."

"어디 한 번 자세히 말해 봐."

竈內火光蓋天地　총내화광개천지
鼎中湯聲脫古今　정중탕성탈고금
拄杖三下非別法　주장삼하비별법
目前歷歷只底是　목전역역지저시
부엌 안에 한 무더기 빛나는 둥근 불빛 천지를 덮고
솥 안에서 끓는 한 소리 옛과 이제를 벗어났음이라.

주장자 세 번 치면서 무슨 법문이냐고 하니
목전에 역력해 다만 이것뿐이로다.

총무 스님이 게송을 적어 주면서 조실 스님께 가 보라고 해서 그것을 들고 다시 조실 스님을 찾아뵈었습니다. 제가 드린 종이를 뚫어지게 보시던 조실 스님께서 마침내 빙긋이 웃으셨습니다.

"아하, 절에 들어와서 30년 밥을 먹고도 이 소리 한번 못해서 밥값을 못하는데 오늘 행자 네가 밥값을 하는구나. 그런데 이것이 다가 아니니 내가 또 하나 물어보겠다."

"말씀하십시오."

"수좌가 둘이 가는데, 앞에 가는 스님이 칼을 차고 걸어가다 보니 칼 소리가 철커덕철커덕 나거든. 그러니까 뒤에 따라가는 스님이 '야, 거기 칼 소리 난다.' 이러니까 앞에 가는 스님이 아무 말 없이 손수건을 품에서 꺼내 가지고 뒷사람한테 전해 주었거든. 뒤에 가는 스님이 칼 소리 난다고 했는데 앞의 스님은 왜 수건을 꺼내 주었을까?"

혹시 여러분 중에 아는 분 있습니까? 수건을 왜 주었습니까? 저는 걸망 지고 다니는 동안 이 법문을 여러 번 들었던 기억이 있습니다. 박고봉 스님, 금봉 스님 등 여러 분이 모인 선학원에서 전강 스님께서 말씀하시는 것을 들었던 적이 있고, 그 후에 또 성철 스님, 향곡 스님 등 큰스님들께서도 말씀하시는 것을 들은 적이 있습니다. 향곡 스님께 가니 향곡 스님께서 또 그것을 물으셨고 성철 스님도 마찬가지로 그것을 물으셨습니다. 큰스님들께서는 그게 그리 쉬운 것이 아니라고 말씀하셨습니다.

당시 행자였던 저는 그 질문을 받고 이렇게 했습니다.

"아이고, 아이고."

제가 이렇게 하면서 절을 하고는 나가 버렸습니다. 그랬더니 그 스님께서 아주 좋아하셨습니다.

"네가 이와 같이 척 알아들으니 참으로 공부를 잘하는구나."

그 후에 만옹 스님은 열반하시고 저는 강원에서 경전 공부를 마치고 다시 선방으로 갔습니다.

간화선은 인생의 문제를 분명하게 결단 내서 결정을 지어 해결해 줍니다. 이것이 가장 중요한 점입니다. 다른 여타 선은 중생이라는 것을 전제하고 중생계에서 닦아 나가는 것을 말합니다. 수행의 방법은 참으로 다양합니다. 하지만 간화선 외의 다른 수행법들은 모두 중생이라는 것을 전제하고 그 속에서 중생의 마음을 닦아 아라한과를 증득한다, 부처가 된다 하는 것이지만 간화선은 이와 분명히 다릅니다. 간화선은 한마디로 닦아서 얻어진다는 것을 부정하는 것입니다. 만약에 닦아서 얻어지는 것이 있다면 이것은 사도요, 외도입니다.

농사를 예로 들자면 1년 동안 애써 농사지어서 한 해의 수확을 얻듯이 많든 적든 그 대가가 분명히 있습니다. 그런데 이 수확물은 1년 먹고 나면 없어져 버립니다. 있다고 하는 것은 유위법입니다. 즉 지어 만들고 닦아 얻어지는 것이 있다면 그것은 유위법이다, 한계가 있다고 말할 수 있습니다. 결국 오래 못 쓴다는 뜻이라고 할 수 있습니다.

역대 조사 스님들은 '깨닫고 보니 천연한 물건을 그대로 다 누구나

가지고 있구나'라고 부처님과 똑같이 말씀하셨습니다. 부처님 법에 조금도 어긋나지 않고 멋지고 크게 대용자재大用自在로 썼습니다.

여러분이 살고 있는 이 도시는 공해가 심각합니다. 하지만 깊은 산중에 들어가면 확연히 달라집니다. 골짜기에서 맑은 바람이 불고, 맑은 기운이 나옵니다. 그와 같이 역대 조사 스님들은 깨달음을 부처님의 차원에서, 살아 있고 맑고 밝은 일구一句를 척 하니 던진 것입니다. 누구에게 무엇을 닦으라고 화두를 주고 한 것이 아닙니다. 간화선이 무엇인지도 알지 못하면서 이런 소리 하면 안 됩니다. 화두를 주다니! 역대 조사가 화두를 준 일이 없습니다. 전부 깨달음의 세계에 절대적인, 살아 있는 그 생명 그 기운을 바로 척 하니 내 준 것입니다.

그것이 무엇이냐? '조사가 서쪽에서 온 뜻이 어떤 것입니까?', '판치생모板齒生毛이니라'란 말이 있습니다. 판때기 이빨에 털이 났다는 뜻입니다. 그런데 이것도 해석이 다양합니다. 어떤 사람은 중간 앞니에 털이 났다고 해야 한다 하고, 또 어떤 이는 판때기 이빨에 털이 났다고 해야 맞다 합니다. 내가 들은 바로는 분명히 전강 스님이 판때기 이빨에 털 났다고 말씀하셨지만 이것이 중요한 것은 아닙니다. 그런 지엽적인 말에 떨어져 생각하는 것은 다 안 된다는 뜻입니다. 그렇게 하면 안 됩니다. '불성이 있습니까, 없습니까?', '무無', 이런 것은 화두라고 준 것이 아니고, 바로 살아 있는 깨달음 그 자체를 그대로 몽땅 드러내서 쓱 보여 주신 것입니다.

여러분이 산골짜기에 갔다고 상상해 보세요. 오염되지 않은 맑은 물이 흐르고, 맑은 기운이 아낌없이 뿜어져 나옵니다. 그 물을 누가 싫어

합니까, 그 기운을 누가 싫어합니까? 다들 그냥 좋아합니다.

그래서 '어떤 것이 부처입니까?', '마른 똥 막대기이니라' 할 때, 이것은 똥 막대기에 의미가 있는 것도 아니고, 똥 막대기 아니다 하는 데에 의미가 있는 것도 아닙니다. 여기에는 아무런 의미가 없습니다. 단지 이것은 살아 있는 생명의 일구라, 그냥 일구를 착 던져 준 것일 뿐입니다. 그대로 살아 있는 생명체를 듣는 입장에서 그 스님과 같이 턱 하니 알아차리라 이런 말입니다.

요즘 관심이 높아지고 있는 위빠사나 수행법에 '알아차림'이라는 것이 있습니다. 관찰하고 느끼고 알아차린다는 것이 핵심입니다. 그런데 혹자는 이것을 중국으로 내려온 간화선과는 아주 별개의 것으로 취급하는 사람들이 있습니다. 궁극적으로 볼 때 그 사상이 전혀 다르다 할 수가 없습니다. 다만 수행을 하고 법을 쓰는 데에 따라서, 중생을 제도하는 데 있어서, 방편이나 여러 가지 묘용을 쓰는 데에 따라서 그 방법이 다를 뿐입니다.

그런데 간화선에서는 분명히 알아차려야 할 것이 있습니다. 뭘 알아차려야 되느냐, '어떤 것이 부처입니까?', '마른 똥 막대기다'라고 했을 때, 척 알아차려야 된다 이 말입니다. 이것은 알아차림의 차원이 다릅니다. 알아차림이 하나하나 낱낱이 중생심에서 중생심을 다루어 제거하고 또 제거하는 수행이지만, 간화선에서는 그런 것을 전제하지 않습니다. 무조건 딱 부숴 버려야 한다는 것입니다.

앞서 얘기했듯 만옹 스님께서 제 어깨를 탁 내리치면서 '무슨 법문했지? 이게 무슨 법문했지?' 이렇게 하문하셨을 때, 그 자리에서 한 번에 딱 끝나 버리지 않았습니까? 한 번에 앞뒤 생각이 다 끊어져 버렸습니다. 이렇듯 한 번에 앞뒤 생각이 딱 끊어지게 만드는 것이 바로 핵심입니다. 끊어져서 자기의 본바탕을 바로 보게끔 해 주는 것이 간화선의 요체라 할 수 있습니다. 이 점이 가장 중요한 것이라는 걸 기억해야 합니다. 간화선은 살아 있는 생명을 탁 뿌려 줍니다.

중국에는 간화선을 통해 깨달은 사람이 무수히 많았습니다. '무無' 했을 때 단박에 해결되었습니다. 순서를 밟아 단계적으로 되는 게 아니라 그저 일시에 되어 버렸습니다. 그런데 이 간화선의 살아 있는 일구를 척 던져 주었는데도 그것을 알아차리지 못하는 사람이 있습니다. 알아차리지 못했을 때 어떻게 해야 할까요?

간화선에서는 닦는 것이 본래 없습니다. 그런데 네가 알아차리지 못하였으니 부득불 마지못해서 그 문제는 네가 알아차릴 수 있도록 한 번 깊이 생각해 보라고 간화선에서는 말합니다.

이것은 무기로 말하자면 핵폭탄에 비유할 수 있습니다. 무기 중에 제일 강력하다고 할 수 있는 핵폭탄, 그래서 핵폭탄 한 번 던지면 싹 다 끝나 버립니다. 총 쏘고 대포 쏘고 할 필요가 없습니다. 이처럼 간화선에는 강력한 위력이 있습니다.

어떤 것이 『화엄경』입니까? 『화엄경』을 한 달 내내 설해도 말로는 그 요체를 다 설명하지 못합니다. 그런데 참선한 분들에게는 간화선의 대종장이 이것을 요약해서 한마디로 탁 던져 주어 버립니다.

『화엄경』이 어떤 것입니까?

足下毛生一丈　　족하모생일장
　　네 발밑에 털이 열 자나 자랐느니라.

　『화엄경』을 한마디로 다 해 주어 버립니다. 이 얼마나 멋집니까? 무슨 말로 이것보다 더 멋지게 할 수 있겠습니까? 그런데 안타깝게도 이 한마디를 여러분이 알아듣지를 못합니다. 알아차리지 못할 때, 어떻게 해서 그런 말을 하는가를 알아차리려고 생각을 해 보십시오. 조금만 생각해 보면 그것이 탁 통하는 것을 알게 될 것입니다. 탁 통하기만 하면 백 천 가지 공부를 할 필요가 없어집니다. 그 한 방에 다 해결됩니다. 한 방에 해결시키는 것, 이것이 바로 간화선의 요체입니다. 살아 있는 한마디 일구, 이것이 중요합니다. 그래서 역대 조사가 다 한마디씩 던진 것입니다. 무슨 말인지 아시겠어요?

　간화선 수행이 어렵다고 생각하는 사람들이 의외로 많습니다. 그러나 이 요체만 알고 나면 수행법 중에 제일 쉬운 것이 바로 간화선이라는 것을 깨닫게 될 것입니다. 여러 가지 오랫동안 할 필요 없이 오직 하나만 '너 뭐냐?' 이랬을 때, '내가 나를 보고 이놈은 뭐냐?' 하는 그때 자신이 말합니다. 나 자신은 '이놈'이지. 즉 '이놈'은 딱 한마디로 붙일 수가 없다 이겁니다. 이치도 통하지 않고 거기에는 사事도 통하지 않습니다. 이치로 가져오면 이거다 저거다로 헤아려서 알아듣느냐? 그렇지 않습니다. 딱 끊어졌습니다. '너 뭐냐?' 하는 이 물음에는 일체가 다 끊어져 버립니다. 부처니 조사니 이치니 사행이니 혹은 무슨 경이니 법문이니 하는 이런 일체가 딱 끊어져 버립니다. 딱 끊어진 곳에서는 '그러면 과연 무엇일까?' 하는 어떤 의문도 허용되지 않습니다. 거기에는 일러도 30방이요, 이르지 않아도 30방입니다. '너 뭐냐?' 이랬을 때 부처라고 해도 30방이요, 부처가 아니라고 해도 30방입니다. 중생이라고 해도 30방이요, 뭘 어떤 것을 갖다 대도 다 30방입니다. 있다, 없다, 중도다, 실상이다가 다 소용없습니다. 다 방을 놔 버립니다. 전부 다 아니라면 도대체 그것은 무엇입니까?

무엇이겠습니까? 잘 생각해 보십시오. 이것만 생각해서 탁 통하고 나면 1,700공안公案이 와르르 다 무너집니다. 여러분이 일생 동안 해야 할 의심이 모두 무너져 버립니다. 일체가 다 무너지고 없어집니다. 그렇게 되면 여러분이 살아가는 인생은 정말 멋지다는 것을 알게 될 것입니다. 그때에는 극락천당이 다 필요 없어집니다. 굳이 갈 필요도 없고, 그냥 목전에서 극락천당을 굴리고 살게 됩니다. 지금, 바로 이 세상에서 멋지게 살아가는 겁니다. 여기에는 아무런 걸림이 없습니다. 여러분이 마음먹는 대로, 뜻한 바대로, 하고 싶은 대로 다 되어 갑니다. 일체가 되기 때문에 모든 것에 만족합니다. 정말이지 이 세상에 이 것보다 더 만족하고, 더 즐겁고, 더 행복한 것은 없을 것입니다. 여러분은 그야말로 최고를 누리게 됩니다. 간화선을 통한 깨달음은 이렇게 빠르다는 것을 알아야 합니다.

'무엇인고? 요놈이, 나라는 존재가, 이놈이 무엇인고?' 이것 하나만 알아내 버리면 다 됩니다. 여러분 이거 알아냈습니까? 뭡니까? 입만 떼면 30방입니다.

이것이 가장 중요합니다. 한번, 이것 하나만 깊이 해결하면 다 되는

데 왜 안 된다고들 합니까? 여기에 간화선에 대한 근본 오해가 있습니다. 요즘 한국승가에서는 공부를 해도 도인이 없고, 공부인이 안 나온다 하는 사람들이 있는데 전혀 그렇지 않습니다. 그 말은 단지 불교를 비방하는 소리일 뿐이고, 공부하는 스님들을 폄하하는 소리에 지나지 않습니다. 그러니 관심 가져 들을 필요가 없는 말입니다.

간화선 참선으로 선지식이 된 분들이 비단 이 아홉 분만 있는 것은 아닙니다. 단지 세상 속으로 얼굴을 내밀지 않아서 그렇지 곳곳에 도를 통한 훌륭한 선지식이 꽉 차 있습니다. 눈앞에 안 보인다고 믿지 않기 때문에 다만 없는 것처럼 보일 뿐입니다.

오늘 이 자리, 여러분들 앞에도 얼굴을 드러내지 않은 선지식들이 많이 앉아 있습니다. 이분들이 바로 '이놈이 무엇인고?' 하는 간화선 참선 수행으로 도를 통하신 분들입니다.

일상생활에서 생명을 보전하기 위해 가장 중요한 일은 밥을 먹는 일입니다. 밥을 먹기 위해서 돈을 벌어야 하고, 돈을 벌기 위해서 일을 해야 합니다. 그래서 언제부턴가 일을 하는 것이 무엇보다 급하고 중요한 일인 것처럼 모두들 생각하고 있습니다. 그렇지만 정작 이것보다 더 중요한 일이 있다는 것은 잊고 있습니다.

아무리 많은 돈을 벌어도, 혹은 권력을 얻고 명예를 드날려도 그것이 곧바로 행복과 편안함을 가져다주는 것은 아닙니다. 설령 돈과 권력과 명예가 주는 즐거움과 행복이 있다손 치더라도 그것은 완전하지 않습니다. 먹고 사는 일이 급하다는 마음으로 돈을 벌겠지만, 그보다 더 급한 생각을 가지고, '나는 무엇인가?'와 같이 나를 알아가는 공부에 몰두해야 합니다. 이것이 먼저가 되어야 합니다. 나를 알아보는 것을 먼저 공부하면서 사회 일에 참여하고 하루하루 일과를 열심히 해야 됩니다. 그렇게 하는 사람에게는 모든 일이 제대로 성취됩니다.

1,700년 유구한 역사를 가지고 있는 이 선법회는 간화선을 근본 골격으로 삼아 오늘날까지 전해져 오고 있습니다. 대한불교조계종이 이곳에 지금 이렇게 우뚝 서 있는 것은 바로 선이 중심이 되어 있기 때문입니다. 참선하는 수행자가 열심히 공부하기 때문입니다. 수행 참선하는 분이 없으면 불교는 도태될 수밖에 없습니다. 그릇이 있어야 물을 담지, 그릇이 없으면 물을 담을 수가 없습니다. 마찬가지로 이 몸뚱이가 있어야 공부도 할 수 있습니다.

옛날 어느 시골 꼴머슴이 나무를 하러 산 중턱에 올랐다고 합니다. 그때 그 산에서 수행 중인 한 스님이 있었습니다. 이 스님은 먹을 것도 없고, 몸도 아프고 해서 도중에 공부를 포기할까 갈등 중이었습니다. 그런데 제석천신이 나타나 토굴 속에서 일주일 동안 용맹정진하면 신도를 시켜 먹을 것을 조달해 주겠노라고 약속했답니다. 그래서 생사를 걸고 다시 한 번 공부에 몰두했는데, 일주일이 다 지나도록 아무도 찾아오지 않았다고 합니다. 하도 굶어서 눈이 움푹 파일 지경에 이른 스님은 제석천신을 원망하기 시작했습니다.

'아이고, 이 제석천신이 내게 허튼 소리를 했나. 이러다간 굶어 죽겠네.'

토굴 밖으로 나와, "제석아!" 하고 큰 소리로 이름을 불렀답니다. 그때 나무하러 온 머슴이 그 소리를 듣고 "예" 하고 올라왔답니다. 알고 보니 머슴 이름이 '제석'이었던 겁니다.

"야, 이 제석아 나 배고파 죽겠다. 너 왜 약속해 놓고 내게 밥을 안 갖다 주느냐?"

"예, 밥 가지고 올라갑니다."

머슴은 나무하면서 먹을 점심을 지게에 담아 왔던 터인지라 그것을 들고 스님 앞으로 다가갔습니다.

"그래, 제석이 젊네. 그래 모반을 돌보니 젊네. 제석천신이니까. 아무튼 내가 지금 배고프니까 밥을 좀 주게. 그리고 몸이 아프니까 약도 좀 지어 오게나."

"아, 그럼요. 걱정 마십시오."

머슴은 스님에게 자신의 점심을 내어 주고 산을 내려갔습니다. 마침 그 머슴의 주인은 공부하는 스님을 후원해 주고 싶다는 원력을 세우고 있던 사람이었습니다.

"아이구, 마님!"

"왜?"

"아, 저 산에 갔더니 웬 스님 한 분이 공부하고 계신데 아주 큰 수행자 같아요. 그런데 그분이 벌써 여러 날 굶은 것 같고 몸도 아프신 것 같아요."

"아, 그래? 공부하는 분이 아프면 안 되지."

그때부터 그 주인 부부는 매일같이 산에 올라가 스님의 토굴 앞에 밥이며 약, 옷 같은 것을 몰래 내려놓고 왔습니다. 이것 갖다 놨다, 저것 갖다 놨다 하며 일체의 말 한 마디 없이 스님을 만나지 않고 내려왔습니다. 공부하던 스님도 거기에 별다른 신경을 쓰지 않았습니다. 다만 나와 보면 밥이 있고 옷이 있을 뿐이었습니다.

8년이 지난 어느 날 주인 부부가 "스님 얼굴을 한 번도 못 보았으니 오늘은 얼굴을 보고 옵시다." 하고 수행자를 보려고 산에 올라갔습니다. 때가 되어 스님이 밥을 가지러 나와 보니 두 부부가 굴 밖에서 기다리고 있었습니다. "제석이가 나이가 들어 결혼을 했구나"라고 하니 "예"라고 대답하면서 "스님 얼굴이 달처럼 환하고 밝습니다"라고 말을 건넸습니다. 수행자는 그 소리에 탁 하고 깨닫고 춤을 덩실덩실 추니 부부가 그 모습을 보고 또 도를 깨달았습니다. 수행자와 시봉하는 분이 함께 도를 깨달은 것입니다. 부처님 말씀에 수행자를 시봉하면 함께 도를 깨닫는다고 했는데 이것이 '자타일시성불도自他一時成佛道'입니다.

여러분, 앞으로 이 간화선 수행법이 세계로 뻗어 나갈 것입니다. 이것은 가장 중요하면서도 쉽고 간단하기 때문에 이 세상에 이보다 더 좋은 방법은 없습니다. 그러니 여러분은 이것을 열심히 해야 합니다. 집에서 아침저녁으로 '이놈은 무엇인고?' 하고 궁구해야 합니다. 그러면 간단합니다. 하다 보면 금방 깨닫게 됩니다. 이것을 꼭 믿어야 합니다. 그래 열심히 해 주시겠지요?

그리고 선방 스님들도 공부하려고 열심히 노력하고 있습니다. 그렇게 노력하는 선방 스님들 뒤에서 함께 손을 잡고 여러분도 도통할 수 있도록 다 같이 노력해 봅시다.

열심히 해 주세요. 이제 게송 하나만 하고 마치겠습니다.

一屈金光獅子兒　　일굴금광사자아
相將無事共遊嬉　　상장무사공유선
同時啐啄知機變　　동시줄탁지기변
鳳轉龍盤也大奇　　봉전용반야대기
한 굴에 금으로 빛나는 사자요
서로 일이 없이 한가지로 기쁘게 노는구나.
동시에 줄탁하여 아니 그 기틀이 변함이요
봉황과 용이 소반에서 구르니 크게 기특함이로다.

　여러분이 법문을 듣고 제가 이렇게 마주 보고 있으니 여러분 얼굴이 모두 사자입니다. 사자가 뭡니까? 바로 동물의 왕입니다. 여러분은 사자와 같이 법의 왕이라는 말입니다. '이 뭣고' 하는 여기에서 다 되어 버립니다. 그래서 '상장무사공相將無事共'이라, 이 가운데는 조금도 생각을 달리할 일이 없고, 헤아릴 일도 없고, 모든 것이 만족되어 있으니 바로 보라 이 말입니다. 바로 보면 줄탁동시啐啄同時입니다. 여러분이 때에 따라서 모르는 것이 있으면 오늘날 이 간화선 화두에 대해서 가르치는 선지식이 곳곳에 가득 찼으니 찾아가서 물어보시기 바랍니다. 그렇게 하면 여러분이 단박에 해결됩니다. 그럼으로써 봉황이 한 번 떡 굴리면 용이 함께 춤을 추고 여의주를 굴려서 천상천하에 가장 진귀한 보물로 빛이 나더라는 말입니다. 아시겠습니까?

금곡 무여
대선사

1968   희섭 스님을 은사로 득도
1988   기본선원 운영위원장 역임
축서사 문수선원 선원장(現)
전국선원수좌회 공동대표 역임
제방선원에서 수행정진

선,
행복으로
가는 길

부처님께서 깨치고 나서 제일성이, "아! 기특하구나. 일체 중생이 부처님과 꼭 같은 지혜와 덕상을 갖추었네." 하셨습니다. 이것은 일체 중생이 부처님과 같은 초롱초롱한 지혜, 천재적인 지혜를 갖추었다는 뜻입니다.

경전을 보면 부처님은 대단한 분입니다. 뭣 하나 흠 잡을 데가 없는 분입니다. 누가 무슨 질문을 하더라도 기다렸다는 듯이 적당한 진리의 말씀을 설파하셨습니다. 그뿐만 아니라 덕스러운 상, 복스러운 모습까지도 갖추었다는 것입니다. 즉 누구나 부처가 될 수 있는 자질을 갖추었다는 것입니다. 뒤에는 "일체 중생이 다 불성佛性이 있다"고 하십니다. 모든 중생은 누구나 부처가 될 수 있는 성품과 자질이 있다는 것입니다.

여기에 계시는 사부대중四部大衆이나 참선자는 이 말씀을 확신하는 데서 마음공부를 시작하셔야 합니다. '나도 불성이 있다', '나도 본바탕은 부처님과 꼭 같다'. 그리하여 '나도 본래는 부처이다', '나도 부처가 될 수 있다'라는 말을 확실히 믿고 조금도 의심 없이 출발하셔야 합니다. 즉 목표를 확실히 믿고 분명히 시작해야 이 공부를 잘할 수 있다는 것입니다.

마음을 닦는 가장 쉬운 방법은 쉬는 것입니다. '마음을 쉰다', '마음을 비운다', '마음을 놓는다'는 같은 뜻입니다. 마음을 쉬고, 비우고, 놓는다는 것은 일체 생각을 안 하고 마음을 가지지 않는다는 것입니다. 그리하여 옛 어른은 "마음을 천 번 쉬고 만 번 쉬라"고 했습니다.

일체 마음을 쉬고, 쉬고, 또 쉬라는 것입니다. 유명한 임제臨濟 스님은 "쉬기만 하면 깨달아서 그대로가 부처님처럼 청정한 법신이 된다"고 하였습니다.

이렇게 쉬고 쉬어서, 쉰다는 생각까지도 쉬어서, 달마達磨 스님의 말씀처럼 "마음이 장벽 같아야 도에 들어갈 수 있다[心如墻壁可以入道]" 하듯이 대무심지大無心地에 들어가면 부처님의 세계요, 열반涅槃의 경지이며, 그 자리가 생사가 없는 자리입니다.

옛날에 무업無業 대달大達이라는 큰스님이 계셨습니다. 그 스님은 원체 유명한 선사라 법문을 청하는 분이 많았습니다.

"큰스님, 큰스님 법문 좀 해 주십시오."

"예끼 이놈, 망상이나 피우지 마라."

근본 분상에서 보면 법문도 망상이라는 것입니다. 그것도 버리라는 것입니다. 그리하여 그 자리는 부처가 오면 부처를 치고, 조사가 오면 조사까지도 외면하라는 것입니다.

그렇게 마음을 비울 수만 있으면 얼마나 좋겠습니까. 비우지 못하니 한스럽습니다. 왜 비우지 못하는가. 중생 살이 자체가 망상으로 뭉쳐있기 때문입니다.

요즘 사람은 어릴 때부터 책 속에서 자라고, 책에서 얻은 지식으로 살아가고, 세상을 움직이는 것도 지식입니다. 현대인은 온통 지식으로 중무장하고 현대사회는 지식이 판을 치고 있습니다. 이 지식도 마음공부에서는 번뇌요 망상이 됩니다. 인간이 지식 덕분에 편리하고 풍요롭게 살아가지만, 이 지식 때문에 점점 왜소해지고 더 불행해지고 점점 괴로워지니 아이러니가 아닐 수 없습니다. 그래서 현대인일수록, 지식이 많은 사람일수록 더 수행을 많이 해야 된다는 것입니다.

화두참선법의 요령은 진정으로 발심發心해서 눈물이 날 정도로 간절하게 참구하는 것입니다.

마음을 닦으려면 참으로 발심해야 합니다. 옛 선지식들은 "발심해라. 발심해라. 발심하지 못하면 이 공부를 할 수 없느니라"라고 입버릇처럼 말씀하셨습니다. 마음공부 하는 데는 어떤 마음으로 하느냐가 대단히 중요합니다. 참선은 스스로 절실해서 안 해서는 안 될 것처럼, 반드시 해야 되는 것처럼, 진심으로 해야 하고, 하고 싶게 해야 합니다.

발심이란 발보리심發菩提心의 준말입니다. 보리를 이루고야 말겠다는 마음을 내는 것을 말합니다. 보리란 아뇩다라삼먁삼보리阿耨多羅三藐三菩提, 위없는 바르고 고른 깨달음을 말합니다. 확철대오廓撤大悟, 큰 깨달음을 이루고야 말겠다는 확고하고도 철저한 마음을 내는 것을 발심이라고 합니다.

고인古人의 말씀에 "마음 깨닫는 데는 발심보다 우선하는 것은 없다. 화두 안 되는 것을 한탄 말고 발심 못한 것을 부끄러워하라"라고 하시면서, "발심 있는 곳에 화두 있고, 화두 있는 곳에 발심 있다"고 했습니다.

세상의 보통 일은 평범하게 해도 됩니다. 그러나 마음공부는 다릅니다. 마음공부야말로 진심으로 해야 하고 발심해야 합니다.

참선자에게는 이 일이 가장 큰일이고, 인생에 가장 중요한 것은 궁극적으로는 이 일뿐이며, 이것만은 반드시 해결하고야 말겠다는 확고부동한 마음을 내는 것이 무엇보다 중요합니다. 진정한 발심자라면 어찌 화두 안 되는 것을 한탄할 것이며, 어찌 깨치지 못할까 걱정하겠으며, 어찌 생가 문제를 고심하겠습니까?

'이 뭣고?'
'어째서 무無라 했을까?'
'부모에게 태어나기 이전의 본래 면목은 무엇인가?'
화두란 문제입니다. 인간이 궁극적으로 반드시 해결해야 할 문제입니다. 화두는 부처님이나 역대 조사가 우주만유宇宙萬有와 인간의 근본실상根本實相, 즉 생명의 근원과 진정한 행복에 대해서 깨달음의 세계를 보여 준 법문 중의 법문입니다. 화두는 이런 대단하고 심오한 법문이라 말길이 끊어지고 어떤 생각도 미치지 못하는 법어입니다. 도대체 무슨 말인지 도무지 알 수 없는 언구라 사량분별심思量分別心으로는 알 수도 없고, 느낄 수도 없으며, 짐작할 수도 없는 것으로 오직 깨쳐야만 알 수 있는 것입니다. 화두는 지혜로운 사람이라면 누구나 해결할 자신의 문제이고, 우리 모두의 근원적인 문제로서 심각하게 고민을 하며 각별한 마음을 내야 합니다.

그러니 누구에게나 간절하지 않을 수 없습니다. 화두참구는 오직 간절하게 합니다. '간절하게'란 절실하게 성심성의껏 참구하는 것을 말합니다. 안 해서는 안 될 것처럼, 꼭 해야 될 것처럼, 반드시 해야 될 것처럼 절실하게 하는 것을 말합니다.

  옛 선사 말씀에 "화두 공부는 간절 절切 자 한 자면 족하다"고 하였으며, 어떤 스님은 "참선하는 데는 간절함 한 마디가 요긴하다"라고 하였습니다. 화두참구에는 다른 말이 필요치 않다는 것입니다. 화두는 오직 간절하게만 참구하면 된다는 것입니다.

  비유하면 며칠 굶은 사람이 밥 생각하듯이, 칠팔십 된 노파가 전쟁터에 나간 외아들을 걱정하듯이, 두세 살 먹은 아이가 가출한 어머니만 생각하듯이 간절하게 참구해야 합니다.

  그리하여 어떤 선지식은 "참선자는 간절 절切 자로 늘 이마에 써 붙이고 하라"라고 했습니다. 즉 간절하게만 하라는 것입니다. 화두참구는 다른 말이 필요치 않습니다. 오직 간절, 간절하게만 하면 됩니다.

  처음에는 화두에 긴절한 마음을 일으키기가 어렵습니다. 비록 의심이 간절하지 않더라도 화두야말로 인생을 진정으로 행복하게 할 수 있고, 궁극에는 생사 문제까지 해결할 수 있는 유일한 방법이라는 절실한 마음을 가지고 지극하게 성심성의껏 일으키면 점점 간절하게 됩니다. 비록 주작화두라도 애쓰다가 보면 어느 날 문득 참으로 간절한 때가 있습니다. 화두가 간절하게 느껴지는 순간 진정한 의정이 일어납니다. 화두에 진실한 의정이 일어나면 놓치지 않고 지속하는 것이 긴요합니다. 공부를 절대 소홀히 말고 지극하게 밀고 나가서 점점 화두가 익어가게 해야 합니다.

화두참선은 활구活句로 참구해야지 사구死句에 참구하지 말아야 합니다. 일체의 번뇌망상과 분별의식을 초월한 간명하고 직절한 언구로 오직 의정을 일으켜 참구해야 합니다. 아무 재미도 없고, 의지할 것도 없으며, 더듬어 볼 만한 것이나 빈틈이 없더라도, 일체의 사량과 분별을 붙이지 말고, 다만 알 수 없는 의심으로만 간절하게 참구하는 참선법을 일컫습니다.

마치 사방팔방이 꽉 막히고, 상하가 완전히 막혀서 캄캄하여 한 걸음도 나아갈 수 없으며, 어떻게 해 볼 수 없는 지경에 놓였듯이 오직 화두에 의심을 지어 참구해 가는 것입니다.

화두는 진정한 의정이 일어나 화두에 힘을 얻어 들지 않아도 저절로 들리고 의심치 않아도 저절로 의심이 되어 점점 힘차게 들리는 기운이 있으며 점차 순숙되어야 합니다. 화두참구는 분명하게 들리고 힘차게 들려서 의정이 성성하여 생기 있는 공부, 살아 있는 정진이 되게 해야 합니다.

요즘 수행법에 많은 관심이 있는데, 앞에서도 말씀드렸지만, 간화선을 흔히 최상승법 또는 최선의 수행법이라고 합니다. 간화선의 장점은 무엇보다 생활선이라는 데 있습니다.

간화선 수행은 일상이 그대로 공부요 공부가 그대로 생활이 됩니다. 간화선은 일하면서 수행하고 수행하면서 일할 수 있는 수행법입니다.

옛날 총림에서는 아침저녁에는 좌선 위주로 정진하고, 낮에는 들에 나가서 종일 울력을 하면서 공부했습니다. 말 그대로 일하면서 수행하고 수행하면서 일하는 생활이었습니다. 일하면서 수행하는 풍토는 자급자족하는 사원경제를 확립하게 만들었고, 이후 총림이 상주 대중 일천오백 명에서 삼천여 명에 이르는 대도량이 되는 계기가 되었습니다. 특히 4대법난四大法難을 겪은 중국불교의 제 종파들이 결정적인 타격을 입고 일제히 몰락을 하였을 때 유독 선종만은 오뚝이처럼 다시 일어나 새롭게 번창하여 독창적이고 개성 있는 조사선의 선풍을 드날리게 되었습니다.

화두에 진의가 일어나서 순일하게 들리면 행주좌와行住座臥, 어묵동정語默動靜에 화두가 조금도 변함없이 여여하게 들립니다. 화두가 동정에도 한결같이 들리는 상태가 되면 일상생활을 하면서도 변함없이 화두를 들어 가며 일에도 지장이 없게 할 수 있습니다. 화두에 힘을 얻고 나와 화두가 융합되고 혼연일체渾然一體가 되면 일상의 삶 속에서 대상이나 경계에 꺼들리지 않고 살아갈 수 있습니다.

농부가 논밭에 나가서 김을 매고 농작물을 가꾸는 고된 일을 하는데도 힘이 들려서 괴롭고 힘든 줄을 모르고 수월하게 일할 수 있고, 주부라면 싫증이 날 만한 매일 같은 집안일도 싫다는 생각 없이 편안한 마음으로 가볍게 할 수 있으며, 노동자가 땀을 흘리며 공사 일을 하면서도 화두를 놓치지 않고 피로한 줄 모르고 담담하게 여유를 가지고 할 수 있습니다.

또한 직장인은 화두를 놓치지 않고 힘 드는 줄도 모르고 괴롭다는 생각도 없이 일을 할 수 있습니다. 심지어 화두가 분명하게 들릴 때는 사고를 하고 무엇을 구상을 하면서도 화두를 변함없이 들을 수 있습니다.

이 시절에는 화두만 한결같이, 변함없이 들리는 것이 아니라 일상생활이 화두와 하나가 되어 마음이 여여하면 경계 또한 여여하게 됩니다. 그러면 고요하고 시끄러움에도 능히 분별하지 않게 되고, 시끄러움마저도 초월하게 됩니다. 뿐만 아니라 어떤 어려움이나 괴로움마저도 떠나게 됩니다. 이때 한 생각 일어나는 곳을 살펴보면 얼음과 같이 냉랭하며 전혀 동요가 없습니다.

그럼, 화두선, 화두선 하는데, 화두선을 하면 어떤 효험이 있는가?
첫째, 선을 하면 안심安心이 되고, 깊어지면 진정한 행복을 느낍니다. 잘 안 되는 화두라도 간절하게 성심성의껏 참구하다가 보면 진정한 의정이 돈발頓發하여 순일하게 들립니다. 그러면 놓으려야 놓을 수 없고 버리려야 버릴 수 없이 화두가 분명하게 들립니다. 이렇게 화두가 분명하게, 확실하게 들리면 그렇게 들끓던 번뇌와 망상이 다 사라집니다.
살다가 보면 이런 망상 저런 괴로움, 불안과 공포, 시기와 질투, 노여움과 화도 낼 수 있는데, 그런 마음이 다 없어집니다. 뿐만 아니라 전쟁과 테러, 각종 사회악도 사라지고, 부정부패도 사라지고, 천인공노할 패륜이나 파렴치범도 사라지고, 요즘 북한처럼 핵을 써야겠다는 어리석고 가증스러운 생각도 다 사라집니다.
그렇게 들끓어서 괴롭고 불안하던 온갖 생각들이 사라지면 마음은 아주 고요해 일부러 생각을 하고 기억을 더듬어도 고요하기만 합니다. 그렇게 고요해지면 마음은 맑아집니다. 몸은 아주 가벼워지고 때로는 새털처럼 가벼울 때도 있고 자기 몸뚱이조차 전혀 의식하지 못하는 때도 있습니다. 그러면 몸과 마음이 아주 편안해집니다.

옛 어른 말씀에 "몸과 마음이 편안하면 됐지 무엇을 더 바라느냐?"라고 했듯이 더 바랄 것 없이 행복을 느끼기 시작합니다. 이 기분은 기쁘다고 할 수도 있고, 즐겁다고 할 수도 있는 오묘한 기분입니다. 마음의 평화만 느껴도 온몸에서 봄기운이 돌듯 기분이 좋아지고 긍정적인 반응이 일어나는데, 즐거움까지 느끼면 인생이 변하기 시작합니다. 속된 말로 팔자까지 고쳐지기 시작합니다.

2013년부터 힐링healing이라는 말이 세상의 화두가 되었습니다. 진정한 힐링은 마음공부를 통해서만 느낄 수 있습니다. 화두가 성성하게, 또렷또렷하게 들리면 북적북적하는 법당 안에서도 산이나 들에서 느끼는 힐링보다 훨씬 효과가 있을 것입니다.

몇 년 전에 경제사정이 좋았을 때는 웰빙wellbeing이나 웰다잉welldying이라는 말이 유행하기도 하였습니다. 웰빙이란 '안락한 삶, 만족한 인생'이란 뜻이고, 웰다잉은 '안락한 죽음, 아름다운 죽음'이란 뜻입니다. 잘 살고 잘 죽는 것을 말합니다. 인간이면 누구나 바라는 희망이요 염원이라 할 수 있습니다. 궁극적으로는 인간이 언젠가는 반드시 해결해야 할 과제요 문제라 할 수 있습니다.

불교적으로 웰빙과 웰다잉을 하려면 마음을 닦아야 합니다. 진정한 행복을 느끼며 살아가고 품위 있는 죽음을 맞이하려면 마음을 다스려야 합니다. 어느 정도 수행을 해야 하는가. 위와 같은 경계가 되면 본격적으로 웰빙과 웰다잉을 느낄 수 있습니다.

둘째, 머리가 좋아집니다.

화두에 진정한 의정이 일어나서 일체의 번뇌나 망상이 끊어지고 마음이 고요해지면 마음이 맑아집니다. 화두가 더 힘차게 들려 아주 고요해지면 더 밝고 깨끗해집니다. 맑고 깨끗해진다는 것은 흐린 마음, 어두운 마음이 사라지고 근본자성根本自性이 서서히 드러난다는 것입니다.

앞에서도 말씀드렸지만, 여러분도 본래는 부처입니다. 근본 바탕은 부처님과 같다는 것입니다. 본바탕이 같다는 것은 부처님과 같은 지혜와 덕상, 즉 자질을 갖추었다는 것입니다. 맑아지면 그 근본 지혜가 드러납니다. 그 근본 지혜가 드러나는 것을 '머리가 좋아진다', '기억력이 좋아진다'라고 합니다. 그것을 자기개발이라고도 합니다.

학문으로서 얻은 지혜는 한정이 있고, 그 배운 범위밖에 모릅니다. 그러나 참선을 하여 마음을 깨치면 그 지혜는 한이 없습니다. 비유컨대 선 수행으로 얻은 지혜는 태양과 같고, 학문으로서 얻은 지혜는 반딧불과 같다고 합니다. 비교가 안 된다는 것입니다. 그리하여 학문으로 배우고 안다고 까부는 사람 보고 "네가 아무리 까불어도 부처님 손바닥 안이다"라고 합니다.

참선은 젊은 사람일수록, 남보다 더 잘 살고 성공하고 출세하려는 사람일수록, 머리를 쓰는 직업을 가진 사람일수록 해야 하는 수행법입니다.

참선을 잘하면 둔재가 천재가 되고, 무능한 사람이 능력자가 되며, 범부가 부처가 되고, 도인이 되기 때문에 인간개조법人間改造法 또는 인간재생법人間再生法이라는 분도 있습니다.

셋째, 큰 인격을 갖추게 됩니다.

화두에 큰 힘을 얻어서 수행 공덕이 쌓이면 큰 인물로, 장차 부처가 될 사람으로서 인격을 갖추게 됩니다. 화두에 진의가 돈발하여 힘을 얻으면 그 도덕의 힘으로 의지가 강해집니다. 매사에 자신감을 가지고 당당한 삶을 영위할 수 있습니다. 비굴하지 않고 소신 있게 발언하고 자신 있게 행동하며 활달하고 쾌활하게 살아갑니다. 평소에 나약하고, 여자 같다는 사람도 남성적이고 용기 있는 사람으로 변합니다. 잘 흔들리고 자주 변하고 우유부단하던 사람도 의지가 꿋꿋하고 변치 않으며, 한번 마음먹으면 끝장을 보는 고집쟁이가 됩니다. 조금만 어려워도 참지 못하여 괴로워하던 사람도 인내력이 생겨 잘 참습니다. 때로는 지독하다는 말까지 듣게 됩니다. 그래서 몸과 마음이 어떤 경계에 부딪쳐도 움직이거나 물들지 않고 잘 참고 견디어 갑니다.

이런 경계에서는 성품까지도 서서히 변합니다. 어느 날 갑자기 변한 자기를 발견하는 경우도 있을 것입니다. 번뇌망상이 사라지고 몸과 마음이 편안한 상태가 되면 마음이 넓고 커지며, 급한 성미도 느린듯 침착해지고, 행동도 중후해지며, 자세도 의젓하여 경거망동하는 모습이 사라집니다. 선 수행 전에는 자기만 아는 소극적이고 옹졸하고 고지식한 사람이었으나, 남에게 사랑도 베풀고, 넓은 아량으로 용서할 줄도 알고, 어려운 보살행도 하며 대승적으로 인격을 갖추게 됩니다. 부처님 같은 큰 인물로 서서히 변해 갑니다. 경전에 보면 부처님은 대단한 인물입니다. 이런 분도 있을까, 감탄사가 나오는 크고 훌륭한 사람이고, 존경스러운 사람이 부처님입니다. 그런 인물로 변해 간다는 것입니다.

넷째, 질병을 고칩니다.

선 수행을 잘하여 마음이 고요해지고, 몸도 편안한 상태가 되어 오묘한 법열을 느끼는 경계가 되면, 건강은 자연스럽게 좋아집니다. 이런 경계에서는 우선 몸은 맑고 가벼워집니다. 맑고 가벼워지면 기분은 저절로 좋아집니다. 또 육체 깊은 곳에서 묘한 즐거움까지 느끼면 말로, 글로 표현할 수 없는 행복감을 느낍니다. 이렇게 좋은 기분을 느끼고 행복을 느끼면 웬만큼 안 좋던 건강도 어느 사이 좋아지고, 오장육부五臟六腑의 기능이 원만해지고 신진대사新陳代謝가 촉진됩니다.

옛 어른 말씀에 "수행이 지극하면 노쇠해서 시들어 가거나 병약한 사람도 고목에서 꽃이 피듯 건강을 되찾고, 노화 방지도 되어 장수하게 된다"라고 하였습니다.

선 수행은 특히 신경 계통의 병에 좋은 효과가 있습니다. 몸에 해로운 육체적·정신적 자극이 가해졌을 때 나타나는 반응인 '스트레스'나 정신적인 타격, 심리적인 갈등에 의해 생겨 심리적 장애, 신경증이라고도 하는 '노이로제', 주로 청년기에 특별한 원인이 없이 재생적으로 일어난다는 정신병으로 사고의 장애, 감정, 의지, 충동의 이상으로 끝내는 인격적 변조에까지 이른다는 '정신분열증' 등이 그것입니다.

그 외에도 급성의 중독이나 전염병 때문에 지각, 기억, 주의, 사고 등의 지적 능력이 일시적으로 상실되는 상태인 '정신착란증', 일반적으로 정신병자, 정신박약자가 시달리는 '정신장애' 등에 특효가 있습니다. 화두에 집중이 되는 경계가 되면 정신병 치료에 효과가 나기 시작합니다.

다섯째, 참선을 잘하면 신통력神通力이 생깁니다.

공부가 깊어지면 신통한 경계를 느낄 때가 있습니다. 신통이란 보통 사람으로서 헤아릴 수 없는 것을 헤아리고, 걸림이 없이 한다고 해서 신통이라고 합니다.

어느 날 정진에 한창 열중하고 있는데 무심히 얼굴을 들어 전면을 주시하니 갑자기 벽이 사라지고 방 밖의 정경이 펼쳐집니다. 놀라서 자세히 집중하니 방 밖뿐만 아니라 원근에 관계없이 몇십 리 몇백 리 밖에까지 보입니다. 더 자세히 중시하니 더 환하게 뚜렷하게 알 수 있습니다. 이것을 소위 천안통天眼通이라고 합니다.

이렇게 신통한 힘이 생기면 정수리로는 기상이 솟구치고 날아갈 듯합니다. 평소 다니기를 싫어하는데 하루 종일 걸어도 지칠 줄 모르며 걸음도 사뿐사뿐하고 발이 땅에 닿지도 않는 것 같은 때도 있습니다. 본래 내성적이고 소극적이라 남의 앞에 나서기를 꺼려하는데, 당당하고 적극적이며 남성적으로 변합니다. 말이 적고 어눌하기도 한데 말이 폭포수처럼 나오기도 하고 어떤 때는 말을 하고 싶어 입이 근질근질하기도 합니다. 이런 신통에는 여섯 종류가 있습니다.

첫째 천안통은 멀고 가까움과 크고 작음에 걸림이 없이 무엇이나 밝게 볼 수 있는 능력입니다.

둘째 천이통天耳通은 멀고 가까움과 높고 낮음에 가릴 것 없이 무슨 소리라도 잘 들을 수 있는 능력입니다.

셋째 타심통他心通은 사람이나 중생이나 생각하는 바를 다 아는 능력입니다.

넷째 신족통神足通은 공간에 걸림이 없이 왕래하며 몸을 마음대로 변화할 수 있는 능력입니다.

다섯째 숙명통宿命通은 자기뿐만 아니라 육도六道 모든 중생의 전생과 금생 및 후생의 온갖 생애를 다 아는 능력입니다.

여섯째 누진통漏盡通은 온갖 번뇌와 망상을 자유자재하고 완전히 끊어 버릴 수 있는 불가사의한 힘을 말합니다.

요즘도 천안통이나 천이통이 열렸다는 이야기를 종종 듣게 됩니다. 그런데 타심통이나 숙명통, 누진통 등은 들어 보기가 어려운 시대가 되었습니다. 옛 선지식 중에는 신통력으로 수행 기분을 가장 크게 느낀다는 어른도 있었습니다.

삼매三昧를 닦는 참선자는 홀연히 신통이 나타나더라도 무심할 줄 알아야 합니다. 조사문중에서는 신통을 논하지 않았습니다. 그것이 참 수행에는 지엽적인 것이고 유루업으로 허망한 줄 알아야 합니다. 그러나 깨달음으로 가는 과정에서 느낄 수 있는 경계인 줄 알고 집착하면 본분사本分事를 잃기 쉽고, 반야를 장애할 수 있기 때문에 각별한 주의가 필요합니다. 분명히 아셔야 할 것은 신통경계는 허망한 것이며, 사라지는 것이고, 또한 변하고 없어지는 줄을 분명히 알아서 현혹되지 않아야 한다는 것입니다.

화두선 수행은 신통력이 생길 정도로 대단한 힘과 불가사의한 공덕이 있습니다. 신통력과 큰 깨달음 및 생사자재는 역사적으로 봐도 간화선에서만 주장했습니다. 간화선이 어떤 수행법보다도 수승하다는 것입니다.

여섯째, 깨달음을 얻어 생사까지도 해탈합니다.

선의 목적은 깨달음입니다. 지금까지 이야기한 여러 가지 효능은 깨달음으로 향하는 수행 과정에서 부수적으로 얻는 이익이라 볼 수 있습니다. 화두참선의 목표는 스스로 자기의 성품을 깨달아 부처가 되는 것입니다.

부처란 완벽하게 인격을 갖춘 최고의 인간이라 할 수 있습니다. 부처님의 가르침은 깨달아서 생사까지도 초탈하는 것입니다. 생사를 초탈한다는 것은 생사의 굴레를 벗어나 생사를 자유자재하는 대 자유인, 대 해탈인이 되는 것입니다.

인생에 있어서 가장 큰일은 생사 문제입니다. 사람이 세상에 태어나고 죽는 일보다 큰일은 없습니다. 그러므로 불교에서는 생사가 가장 큰일이라 해서 생사대사生死大事라 하기도 하고 일대사인연一大事因緣이라고 합니다.

생사 문제는 선 수행의 시작과 끝이라 할 수 있습니다. 시방의 수많은 수행자들이 이 생사 문제를 해결하기 위하여 발심하는 것을 수행의 출발이라고 한다면, 깨달음을 얻어 생사를 자재하며 해탈하는 것이 수행의 완성이라 할 수 있습니다. 부처님과 역대 조사들의 언설과 수행은 모두 견성하고 생사 문제를 해결하는 데 초점을 맞추고 있습니다. 여래께서 『대열반경』에서 말씀하신 마지막 유훈도 무상과 생사에 관한 것이었습니다.

그리하여 옛 어른들은 생사의 일이 참으로 크고 무상이 신속한 줄을 알아서 생사윤회를 벗어나 자유자재한 해탈을 얻기 위하여 목숨을 건 수행을 하여 드디어 깨닫고, 좌탈입망坐脫入亡이나 입탈立脫 또는 어떤 특별한 모습을 보이기도 하고, 가고 싶을 때 가는 등 생사에 자유자재한 모습을 통해 생사가 본래 나는 것도 아니고 죽는 것도 아니라는 것을 몸소 보여 주셨습니다.

존경하는 불자 여러분!

참선자라면 선정禪定을 떠나지 않아야 합니다. 항상 마음은 맑고 깨끗하여 지극히 고요하고 편안하며, 몸은 가볍고 가벼워 자기를 의식하지 못하는 경우도 있으며, 전신에서 묘한 즐거움을 느끼며 살아야 합니다. 그런 정도가 되면 웬만큼 안 좋던 건강도 좋아져 조금도 신경을 쓸 필요가 없을 것입니다. 괴롭다 어렵다 힘들다는 생각도 없어지고, 남을 미워하고 싫어하는 마음도 없어지고 화도 안 내게 됩니다.

부부간에도 오래 살다가 보면 멀어지기도 하고 심지어 이혼까지도 하는데 마음을 닦으면 다릅니다. 평소 보기 싫던 그 아내나 그 남편이 부처님처럼 보입니다. 내가 수행을 잘하느냐 못하느냐는 집에 가서 아내나 남편의 얼굴을 보시면 바로 느낄 것입니다. 화를 벌컥벌컥 내던 사람도 얼굴이 밝아지고 부드럽고 향기로운 말이 나올 것입니다. 일이나 주변 환경도 자연스럽게 좋아지고 긍정적으로 변할 것입니다.

이 정도만 돼도 보이는 것마다 물건마다 형상이 있는 것이라면 평화스럽고 한가하고 즐겁습니다. 화두가 더 잘 되면 대하는 것마다 부처 아닌 것이 없습니다. 불자는 달라야 합니다. 주사위는 여러분에게 던져져 있습니다. 잘 사느냐 못 사느냐, 깨치느냐 못 깨치느냐, 행복하느냐 불행하느냐는 여러분 자신에게 달려 있습니다.

  그것은 오직 여러분이 얼마나 발심을 하고 신앙심을 돈독히 하여 화두참구를 간절히 하느냐에 달려 있습니다. 화두선을 잘 해서 인생에 진정한 보람과 긍지를 가지시기 바랍니다.

>위없는 보리도菩提道를 구하고자 한다면
>화두 일구에 목숨을 걸어 보라.
>몸과 마음까지 잃어버린 곳에 이르면
>참 부처가 여여하게 자색광명紫色光明 비추리라.

송원 설정
대종사

1955   원담 스님을 은사로 득도
2009   덕숭총림 수덕사 방장(現)
2011   대종사(現)
제방선원에서 수행정진

나를 사랑하듯
남도 사랑하라

꽃은 피고 새는 노래하니 참 좋은 계절입니다.

이런 좋은 때에 사바세계에서 고통 받는 중생들을 제도하시려고 부처님께서 탄생하신 날이 사월 초파일입니다. 계절도 순환하고 역사도 순환하고 인과도 순환합니다. 또 순환도 순환을 반복합니다. 삼라만상이 모두 반복하는데 순환하지 않는 하나의 축이 있습니다.

불교에서 법륜 마크는 상당히 큰 의미를 가지고 있습니다. 8개의 축과 하나의 바퀴, 그 8개는 팔정도를 의미한 것입니다. 그 법륜 마크의 중앙에 보면 축이 하나 있습니다. 아무리 바퀴가 돈다 하더라도 그 축은 돌지 않습니다. 돌지 않는 부동의 축에 의해서 계속 돌고 있습니다. 이 세상은 무상해서 시시각각 변하지 않는 것은 하나도 없습니다. 변하고 또 변하지만 변치 않는 축을 근거로 해서 변하고 있습니다.

사람들은 죽음을 무서워합니다. 늙고 병들어 죽는 두려움에 매일매일 걱정하며 삽니다. 사는 것도 중요하지만 죽음에 대한 공포를 많이 느끼고 있습니다. 그러나 이는 사실 생명의 실상을 잘 이해하지 못해서입니다. 참 생명은 한 번도 죽는 일이 없습니다.

선정에 깊이 들어가면 수많은 생을 죽었다 살았다 반복하는 것을 알게 됩니다. 그러나 그 죽음은 육체적인 것입니다. 심장이 죽은 것이지 참 생명은 한 번도 죽어 본 적이 없습니다. 깊은 선정에서 바로 본 사람은 그것을 확인했기 때문에 비로소 죽음은 일종의 순환이지 끝이 아닌 것을 압니다. 태어남은 새로운 시작인 것입니다. 우리가 걱정해야 할 것은 그 순환의 역사가 반복되는 큰 과정 속에 그 다음 단계인 죽음 이후의 삶입니다. 하지만 몸과 마음과 행동을 잘 지키면서 정진한다면 걱정할 일이 하나도 없습니다. 잘못 살기 때문에 후신을 걱정하는 것입니다. 태어나고 죽는 일을 반복 또 반복하지만 불생불멸해서 영원히 죽지 않는 한 물건, 그것을 진아眞我라고 합니다.

선정에 들어 본래 자기를 들여다보면 여여해서 미동조차 없는, 한 번도 태어나고 죽은 적이 없는 참 나가 여여하게 있습니다. 본래로 그냥 있어 우주가 이미 생기기 이전에도 한 물건이 있었고, 우주가 다 깨져 없어진다고 하더라도 없어지지 않습니다. 우주가 탈이 나서 성주괴공成住壞空을 한다 하더라도 전혀 변하지 않는 것을 진아라고 합니다. 참된 자기, 가짜배기가 아니라 진짜인 그것만을 진아라고 합니다. 그 진아는 본래로 청정하고 텅 비었으며 한량없이 지혜롭고 무한한 광명 자체이며, 무한한 위신력을 가지고 있고, 무한한 방편을 가지고 있습니다. 그놈은 백천삼매를 다 가지고 있습니다. 하지만 그 사실을 잊어버리고 살고 있기 때문에 그것을 어떻게든 찾아야 됩니다.

중생은 어떻게 살아야 참으로 행복한 것인지, 가장 자유스럽고 걸림이 없는 이상적인 삶을 사는 것인지를 생각해야 합니다. 행복하다고 느끼는 기준은 무엇입니까? 불교에서는 일체에 걸림이 없이 항상 자유로우며 구할 것도 없고, 미워하고 원망할 것이 없으며, 더할 것도 뺄 것도 없이 조금도 부족함 없는 것을 행복, 해탈, 열반, 안심입명安心立命이라고 합니다. 해탈, 열반 또는 안심입명은 우주와 내가 둘이 아닌 절대의 세계입니다. 그 자체는 환희요, 법열이요, 일순간이 아니라 영원인 것입니다.

우리가 하는 이 공부는 내생을 준비하기 위해서 하는 것이 아닙니다.

현실에서 해탈해야 되고, 현실에서 자유로워야 되고, 현실에서 무애해야 됩니다. 부처님께서 부족함이 없는 진아를 우리에게 가르쳐 주시면서 중생들이 이 진아만 찾으면 모두 해탈을 얻어 열반에 들며 안심입명하는 자리라고 하셨습니다. 그것을 찾는 노력이 수행자의 본래 목적이며 모든 사람들이 추구해야 할 길입니다.

그럼에도 불구하고 지금 어떻게 살고 있습니까? 그 위대한 살림살이는 다 내버리고 가장 안 좋은 것들을 끌어안고 살면서 그것이 자기의 살림살이라고 생각을 합니다. 명예, 권력, 이익, 사랑을 최선의 목표로 삼아 죽을힘을 다해 살고 있습니다. 그러나 그것이 진정한 가치가 있는 여여한 것이냐는 겁니다. 그것은 권력 또는 매스컴이 중요한 가치가 있다고 한 것이지 참으로 추구해야 할 진정한 가치는 아닙니다.

이 세상에 사는 사람들은 돈과 명예의 유무, 몸이 건강하거나 아픈 사람을 막론하고 많이 가진 사람은 가진 것을 지키기 위해서 항상 권모술수를 쓰며 살고 있습니다. 또 없는 사람은 없는 것을 채우기 위해서 끝도 없이 노력하고 갈등하고 시기하고 원망하며 살고 있습니다. 그래서 이 삼계를 '화택火宅', '불난 집'과 같다는 것입니다. 잠시도 편안하게 살 수 없는 다급한 시기입니다.

그 결과 이 세상은 어떻게 되었습니까? 경쟁과 시비가 만연하고 갈등과 원망이 가득한 세상이 되었습니다. 사람과 사람 사이는 편치가 않습니다. 이 오탁악세五濁惡世에서 사람들은 오욕락에 찌들어 고통을 받게 되고 고뇌를 겪게 된다고 부처님께서 말씀하셨습니다.

오욕락 그 자체가 진실한 내 것이며, 나의 전부라고 목을 매는 사람들에 의해서 세상은 탁해지고 갈등하고 시비하게 되었습니다. 그러다 보니 부모 형제간도 친구도 사회도 전부 오욕락만을 위한 시선으로 바라보고 대하니 인간이 가야 할 도리를 다 저버렸습니다. 절집에 살든 속가에 살든 사람 노릇을 제대로 하는 그 바탕 위에서 무엇이든 해야지, 사람 노릇도 제대로 하지 못하는 상태에서 도를 닦는 것은 말짱 도루묵입니다.

바늘에 실을 꿰더라도 바늘허리를 묶어서는 꿸 수가 없는 것처럼 부처님 법도 마찬가지입니다. 사람의 도리를 제대로 익히지 못했는데 하늘의 도리를 어떻게 이룰 것이며, 인간세계에서 교화가 안 되었는데 불도를 어떻게 닦을 수 있겠습니까? 그래서 부처님께서는 우리에게 해탈과 안심입명할 수 있는 길을 가는 방법으로 계법戒法을 남겨 주셨습니다.

안심입명의 길을 가는 게 쉬운 일이 아닙니다. 안심安心은 항상 편안해서 번뇌가 하나도 없고 근심 걱정이 없는 여여부동한 자리, 마음이 고요한 상태를 의미합니다. 입명立命은 그런 상태에서 자기의 삶이 가야 할 길, 귀의처를 확실히 알게 된 것입니다. 안심입명의 길을 가는데 그냥 화두만 들고 염불하고 주력한다고 해서 얻어지는 것은 아닙니다. 그래서 사람답게 잘 사는 일을 우선해야 됩니다.

이 사바세계는 각기 다른 얼굴처럼 다양한 삶을 살아가는 수많은 사람들이 서로의 애증 속에 살고 있습니다. 이 사바세계는 하루도 쉬지 않고 삼재팔난三災八難에 노출되어 있습니다. 그것을 면하려야 면할 길이 없고 피하려야 피할 길이 없습니다. 정도의 차이는 있을지 모르지만 이 사바세계 사람들의 통증의 무게는 모두 같은 모습입니다.

장마와 바람을 동반한 태풍, 지진과 그 여파로 손쓸 틈도 없이 밀려오는 쓰나미에 의해서 많은 생명이 죽고, 전 재산을 하루아침에 잃어버리는 삼재팔난이 24시간 삶을 엄습합니다. 삶의 질이 뒤바뀌는 고통 속에 생로병사를 더한 팔고에 노출되어 있습니다. 죽음이 차라리 더 달콤하게 느껴져 자살을 택하는 이들이 늘다 보니 사회적인 문제가 되고 있지 않습니까?

그러면 그것을 부처님이 주는 것이냐, 혹은 절대 신이 주는 것이냐 하면 그렇지 않습니다. 스스로 만들어서 결국은 자기가 받는 것입니다. 자기 잘못으로 인해서 그러한 고통을 받는데도 불구하고 나라와 사회를 원망하고 부모 형제를 원망하고 심지어 부처님까지 원망하는 사람이 많이 있습니다. 이것이 자기를 잃어버린 사람들이 하는 짓입니다. 진아를 잃어버리고 가짜배기 자아를 가지고 사는 사람들의 형태란 말입니다. 그래서 부처님께서는 우리에게 고통을 벗어나기 위해서는 오악五惡을 짓지 않아야 한다고 말씀하셨습니다.

남의 생명을 가벼이 여기지 말고 소중하게 여길 것이며, 남의 것은 절대로 도둑질하지 마라. 남에게 주지는 못할망정 얼마나 못된 짓을 하고 살았으면 죽도록 일을 해도 입에 풀칠을 못하고 살겠습니까? 삿된 음행을 하지 마라. 형제간에 일찍 죽거나 부모가 일찍 죽거나 자식이 먼저 죽는 이 형벌, 다 간음한 죄입니다. 또 거짓말하지 마라. 술 먹지 마라. 사람들이 짓는 죄 중에 술로 인해 저질러지는 것이 적지 않습니다. 우리는 진실해야 합니다.

이 우주 삼라만상이 나와 더불어 인드라망처럼 연결되어 살고 있는데 저 혼자 사는 양 독불장군으로 삽니다. 자기 중심적이고 자기 이익을 위해 독선적으로 살다 보니 결국은 점점 어려운 일만 생기는 겁니다. 이 세상은 나 혼자 사는 것이 아니고 모든 생명과 더불어 사는 세계인데 나만, 나만 하다 보니까 외로울 수밖에 없습니다. 많은 덕을 베풀고 살아야 됩니다.

안심입명을 위한 공부는 간화선과 염불, 주력, 세 가지 길을 잘 선택해서 시작해야 합니다. 특히 공부하는 이들이 참선만 하겠다, 간화선만 하겠다고 하면 안 됩니다. 공부를 하려면 우선 나를 사랑하듯 남도 사랑해야 하는데 자비심이 바탕이 됩니다. 불교의 대자대비심은 불보살과 유일하게 소통할 수 있는 통로입니다. 대자대비심의 실천 없이 공부해서 도를 통하겠다는 것은 어불성설입니다. 절대로 대각을 성취할 수가 없습니다.

육바라밀 중에 보시를 첫 번째로 삼는 이유가 있습니다. 보시, 행단行檀을 거수居首라고도 합니다. 보시를 행하는 것이 머리, 곧 첫째라는 말이지요. 보시라고 하니까 물건과 돈만 주면 되는가 보다 생각할 수도 있지만 절대로 아닙니다. 보시하는 마음 저변에는 자비심이 전체를 포괄하고 있습니다. 전체, 그것을 한문으로 일사一捨라고 합니다. 버릴 사捨 자를 넣습니다. 보시를 했다는 상을 버려라, 내 것이라는 집착을 버려라, 재산도 마음도 행위도 모두 진짜가 아니니 집착을 버려서 모든 생명한테 회향을 하라는 이야기입니다. 그 자비심이 대각을 성취해 나가는 길입니다. 그것 없이 공부를 했다면 공력은 좀 생길지 모르지만 마魔의 길로 들게 됩니다. 자비심이 없는 수행은 결국 중생을 해치게 되어 있습니다.

진아를 찾아 자성청정심을 깨우치고 돌아가면 무한한 공덕으로 대자비심이 발동해서 궁극에는 중생에게 회향하게 됩니다. 또 주의할 것은 억지로 자비를 내는 것은 본뜻에 어긋난다는 점입니다. 자기 본심에서 저절로 우러나는 심정으로 자비를 베풀어야 합니다.

돈은 유통하는 데 가치가 있고 권력은 중생을 위해서 사용할 때 가치가 있는 것입니다. 돈과 권력은 내버려야 하는 것이 아니고, 내버릴 것은 권력과 돈에 대한 소유욕입니다. 그 소유욕만 버리면 무한한 복덕이 굴러들어 오게 되어 있습니다.

내 것만 챙기고 어려운 이를 모른 체하며 산다고 잘 사는 것이 아닙니다. 그리 살다 보면 박복해져서 점점 살림살이가 궁핍해집니다. 특히 공부하는 스님들은 부모 형제를 다 떠나와서 홀로 공부하다 보면 때로 병도 나고 뜻하지 않은 사고를 만나기도 합니다. 신체가 여의치 못하면 정진을 제대로 할 수 없으니 수행자들이 안심하고 공부할 수 있도록 뒷바라지해 주는 것은 이 세상 복덕 중에 참 복덕일 것입니다.

제가 버마를 갔었는데 지금은 미얀마라고 합니다. '마하간대요'라는 선원을 방문했는데 3,500명의 스님들이 살고 계셨습니다. 그때 열두 명이 갔었는데 초대를 받아 사원에서 점심 공양을 했습니다. 아, 미얀마 대중들 잘 자시더라고요. 그분들이 한 때만 먹고도 저렇게 건강하게 수행하는 데는 이유가 있었습니다. 재가자들이 자신의 먹을거리로 공양 올린 걸 받아 와 그날 그대로 먹습니다. 공양물을 받아 보니 생선도 나오고 별 것 다 나왔는데 우리는 못 먹는 것을 그곳 대중들은 아무 일 없이 잘 드셨습니다. 그 나라는 그렇게 먹어야 한 끼 공양으로도 하루를 잘 견디며 수행할 수 있는 까닭에서입니다.

미얀마 국민들은 이미 불국정토에 사는 극락대중인 것 같았습니다. 그래서 미얀마는 부처님 나라입니다. 쉐다곤 대탑에 가서 참배하는데 양철 두드리는 소리가 덩그렁 나서 가 보았더니 포장을 쳐 놓고 누런 것을 망치로 두드리고 있었습니다. 뭐하냐고 물어보니 대탑에 금장식이 떨어져 세공해서 다시 붙인다고 합니다. 아마 우리나라 같았으면 도둑이 와서 어느 틈에 다 털어 갔을 텐데 포장 하나 쳐 놓고 황금을 두드리고 있는 모습은 참으로 순박하게 보였습니다.

미얀마가 불국토인 이유가 있었습니다.

첫 번째, 한 가족과 한 스님이 결연을 맺습니다. 넉넉하지 못한 이는 한 스님이 평생 수행하는 데 지장이 없도록 필요한 모든 것을 제공하고, 능력 있는 사람은 두세 명의 스님을 봉양하기도 합니다.

두 번째는 대중공양을 올리는 겁니다. 사원에서 상주하는 3,500명의 수행자에게 대중공양을 하려면 아마 수백만 원 또는 수천만 원 들지 않겠습니까? 그런데 공양을 올리려는 재가자의 순서가 40일간 밀려 있는데 그중에도 서로가 먼저 하려고 한답니다.

세 번째, 미얀마 사람들은 평생 동안 하나의 탑을 만들어서 공덕 쌓기를 기원합니다. 미얀마에 가면 수많은 탑을 볼 수 있는데 자신의 능력에 맞게 쌓은 크고 작은 탑들이 들판에 끝도 없이 펼쳐진 장관을 볼 수 있었습니다.

마지막으로 큰 절을 짓고 많은 방사를 만들어서 스님들이 그 안에서 아무 근심 걱정 없이 공부할 수 있도록 하는 것이 평생 서원이라고 합니다.

 한 스님과 결연을 맺어 평생 시봉을 하거나, 사원에 대중공양하거나, 탑을 만들고, 방사 짓는 공덕을 쌓지 못하는 사람은 절에 와서 봉사를 합니다. 도량을 소지하고, 법당을 청소하고, 절에 오는 사람을 대접하고, 안내를 하는 등 봉사자들이 꽉 찼습니다. 참으로 불국정토다운 풍경이란 생각을 했습니다.

 진아인 자기 본모습을 찾는 공부방법에 관해 그동안 많은 스님들이 이야기를 했을 것이라 믿습니다. 우선은 말씀드린 대로 기본기가 잘 되어 있어야 합니다. 인간으로서 기본이 된 다음에 공부를 해야 바른 공부를 할 수 있습니다. 사람다우려면 부처님 정신에 의한 삶을 살아야 됩니다.

 부처님께서 재가 신도를 위해 오계와 팔관계, 출가자들을 위해서는 10계와 250계, 350계가 이미 있는데 또 보살계를 만드신 것은 무엇이 겠습니까? 그것은 악업을 짓지 말라고 당부하신 겁니다. 악업을 지어 고통을 받지 말라고 계목을 만드시어 수행자의 등불로 삼게 하신 것입니다.

 첫 번째로 부처님이 말씀하신 것이 연기법입니다. 악인악과요, 선인선과라. 악의 씨를 뿌렸으면 악한 과보를 자기가 거두고 선의 씨를 뿌렸으면 복업을 받게 됩니다. 다른 사람이 거둘 수 있는 것은 아무것도 없습니다. 그래서 악업을 짓지 않아야 이 세상을 살아가는 데 행복을 꿈꿀 수 있지, 악업을 짓고서는 수많은 고통이 발등에 떨어져 호떡집에 불난 듯 허둥지둥 살게 됩니다. 제가 말씀드린 오욕락에 빠져서 그것을 추구하느라고 수단과 방법을 가리지 않고 악행을 저지르고 못된 짓을 하면 결과적으로 삼악도三惡道에 떨어집니다. 지옥, 아귀, 축생이라는 이 길에 한 번 떨어지면 다시 사람으로 태어나 해탈법을 만날 기약이 없습니다.

부처님께서 중생을 바라보면 왜 저런 짓들을 하고 사는지 불쌍하기 짝이 없을 것입니다. 가련하기 짝이 없는 중생들에게 오계五戒와 십계十戒를 잘 지켜서 삼악도에 절대 떨어지지 않도록 방편을 만드신 것입니다. 그러면 오계를 지키는 기본 방향이 뭡니까? 악습을 변화시키는 겁니다. 다생겁래로 쌓아 온 의식을 변화시킨 다음 그 변화된 상태에서 공부를 해야 합니다. 부처님의 의식으로 변화하지 않은 상태에서 공부해서는 공부가 향상되려야 될 수가 없습니다.

제가 항상 이런 비유를 듭니다. 농사짓는 사람이 밭을 고르고 풀을 뽑고, 돌 자갈을 골라내서 땅을 부드럽게 만든 후 씨앗을 뿌려야 그 씨앗의 싹이 잘 트고 꽃이 피어 열매를 맺는 것이지, 돌이나 흙덩이 자갈밭에 씨를 뿌린들 싹이 트지 않을 뿐더러 난다고 하더라도 결실이 안 맺어집니다.

사부대중도 마찬가지여서 공부를 하려면 생사대사를 해결하는 공부를 해야 되겠다고 작정하고 의식을 부처님의 의식으로 바꾸고 또 사람으로서의 의무와 책임을 다해야 합니다. 그러기 위해서는 우선 마음을 편안하고 좋게 가져야 됩니다. 항상 누구에게든 시기, 질투하거나 억누르려 하지 말고 잘난 척하지 말아야 합니다.

중생에게는 불성인 진아를 덮고 있는 다섯 가지 뚜껑이 있다고 합니다. 그 다섯 가지가 탐진치만의貪瞋痴慢疑입니다. 탐진치란 원하는 대로 안 되는 욕구불만을 남녀노소 대상을 가리지 않고 탐욕과 우치와 성질을 내는 것입니다. 부처님께서 설하신 진리를 믿지도 않고, 공부하려는 생각은 관두고 들으려고도 안 합니다.

어리석은 중생은 태에서 나올 때에도 온 곳을 모르고 죽어서 갈 때도 어디로 가는 줄 모르며 살면서 '우리가 죽으면 끝이지 뭐가 있냐?' 합니다. 이 세상이 어떤 원리로 순환하는지도 모르고 오만을 부리며 의심할 뿐입니다. 저것이 나한테 잘할 것인지 잘 못할 것인지, 나한테 이로울 것인지 이롭지 않을 것인지 오만 분별망상을 해서 근심 걱정으로 살고 있습니다. 탐진치만의가 결국은 진아를 덮어 버리는 뚜껑이 되었으니 이제라도 그놈을 떨어내야 합니다. 그것을 없애지 않고서는 공부를 해도 죽 떠먹은 자리처럼 공부가 안 되게 되어 있습니다.

번뇌는 99%가 분별망상심입니다. 좋다 나쁘다, 그렇다 아니다라는 분별심에서 번뇌망상이 나오는데 오욕락이 심저에 있는 동안은 분별심이 없어지지 않습니다.

공부를 해야 되는 이유와 공부를 방해하는 대상을 제대로 알지 못한 상태에서 화두를 들거나 염불하거나 주력을 하면 잘 안 됩니다. 그놈의 번뇌망상이 참 나를 가려 캄캄한데 어떻게 공부하는 길을 찾을 수가 있겠습니까? 그래서 공부하려는 사람은 우선 다른 이를 불편하게 하거나, 해를 입히거나, 어려움에 처하게 하거나, 걸림돌이 되지 않아야 합니다. 왜냐하면 삼라만상이 나와 더불어 둘이 아니고 하나인데 그것을 모르고 상대를 소중히 여기지 않고, 다른 이를 힘들고 어렵게 하면 결국은 그것이 인과적으로 자기가 어렵고 힘들어지는 겁니다. 그리고 일상생활에서 가장 중요한 것이 아름다운 말을 써야 합니다. 가족이든 친구든 누가 되었든지 간에 기분 나쁜 소리는 하지 말아야 합니다. 서로 위로해 주고 격려하며 행복하게 살아야 합니다.

세 가지를 조심하라는 속담이 있습니다.

입 뿌리를 조심하고, 손 뿌리를 조심하고, 성 뿌리를 조심하면 인생 사는 데 탈이 없으니 입을 조심하고 입 뿌리를 조심하라. 손을 조심하고, 손발을 조심하라고 하는데 손은 좋은 일을 하고 이로운 일을 하면 좋은데, 남을 때린다든가 힘들게 하거나 도둑질을 해서는 안 된다는 말입니다. 성 뿌리를 조심하라는데 생식기를 조심하라는 말입니다. 우리나라는 요즘 많이 탁해졌습니다. 성 범죄와 어린이를 상대로 나쁜 생각을 하는 어리석은 이들이 자꾸 생기니 조심하고 또 조심해야 되지 않겠습니까. 이 세 가지를 조심하며 공부를 잘해 보자는 이야기입니다.

공부하는 데 간화선은 안심입명에 들어가는 참으로 빠른 길입니다. 그런데 간화선을 할 때 화두만 들면 될까요? 우선 육근인 안이비설신의眼耳鼻舌身意가 밖으로 향하는 모든 호기심과 욕구를 내려 두고, 뇌도 활동을 한 번도 한 적이 없는 그런 고요한 상태에서 화두를 들어야 합니다. 그렇지 않으면 화두가 잘 들지 않아 공부의 진척이 없이 고생만 하게 됩니다. 물론 처음에는 머리로부터 시작을 합니다. 머리로 화두를 들다 보면 마음 깊은 곳에 가서 머리를 대체하는 때가 있습니다.

　불자 여러분, 철학과 과학이 발전한다 해도 의단이 독로하는 간화선의 공부와 같겠습니까, 같지 않겠습니까? 아무리 철학이 발달하고 과학이 우주를 넘나들어도 의단이 독로해서 마침내 대오하는 간화선의 궁극 지점은 눈치조차 챌 수가 없습니다.

　철학은 두뇌학이고, 사상학입니다. 그러나 선은 심성학이고, 실천학이며, 실증학입니다. 실제로 수행하여 진공의 지점에 도착하여 묘하게 있는 것을 실증하지 아니하면 선이 아니니 어떻게 사상학인 철학으로 알겠습니까? 그것 때문에 참선이 어려운 겁니다. 그래서 수행이 깊어져 마침내 심지에 들어가게 되면 머리로 하는 공부가 아니고 전체가 합일하는 지점에 이르게 됩니다. 그 공무 상태에 가게 되면 정견이 나타납니다. 물론 공부하는 과정에 오매일여寤寐一如하고 숙면일여熟眠一如하는 상태가 와야 되겠지만 그런 깊은 경계에 가면 진공 상태에 이르게 됩니다.

　『반야심경』에서 관행 조도 공무라는 것은 참 중요한 의미를 가지고 있습니다. 그 공무 상태에 가야 심성이 열리고 그때서야 비로소 진아가 나타나게 됩니다. 그 상태에 가야 능소가 다 끊어지고 공무마저도 없는 경계에 들게 됩니다. 그래야 진짜 자비가 드러나게 되니 그것을 구경이라고 하고 물아가 둘이 아닌 우주와 내가 혼연일체된 상태입니다.

　경허 선사는 '삼천대천세계三千大天世界 시아가是我家, 삼천대천세계 우주 삼라만상이 참된 내 것이다'라고 말씀하셨습니다. 그 상태라야 진아가 드러납니다. 무한한 광명, 무한한 지혜, 일체 걸림 없고 무애한 경계가 그곳으로부터 비로소 나오는 것입니다. 공무 상태에 이른 이는 업의 무게로부터 자유로운 생사대사를 해결한 대 자유인이 됩니다. 삼계를 벗어나지 못한 중생은 지켜야 할 계율이 있고 범해서는 안 될 계가 있습니다. 그러나 삼계를 벗어난 사람은 욕계·색계·무색계마저도 벗어나 지켜야 할 계도 없고 범해야 할 계도 없습니다. 진아를 찾는 길은 이것을 빼고서는 아무것도 할 것이 없습니다.

인생을 허덕거리고 분주히 살아 봐야 다 업을 짓는 일에 불과한 것입니다. 업을 지어도 좋은 업을 지어야 되는데 나쁜 업만 짓는다는 말입니다. 그래서 어떻게 하면 그 에너지를 공부하는 쪽으로 돌려야 하는지 많이 참구해야 합니다. 이 우주의 에너지는 딱 하나입니다. 만약 공부하는 쪽으로 에너지를 돌리게 되면 심성이 열려서 도를 닦아 대오하지만, 만약 그 에너지를 이성을 탐닉하는 데 전심하면 잡스러운 성도착증 환자가 되기도 합니다. 에너지는 하나이지만 쓰이는 데 따라서 달라집니다. 그래서 우리 모두 에너지를 다른 데 쓰지 말고 도 닦는 데 쓰자 그겁니다. 이 진아를 찾는 데 마음껏 써 보자. 쓸데없는 데 써서 고생할 것 있겠습니까?

장미꽃의 에너지는 향기입니다. 장미는 향기로 그 에너지를 발산하고 국화꽃은 국화 향기로 에너지를 발산합니다. 유정무정이 다 그 에너지를 하나로 쓰는데 어떻게 쓰느냐에 따라 형태가 달라지고 변화가 오는 것입니다. 이 무상한 세상을 쓸데없이 허송세월하지 말고 진아를 찾기 위해 노력합시다.

一株無影樹　　일주무영수
移就火中栽　　이취화중재
不假三春雨　　불가삼춘우
紅花爛慢開　　홍화난만개
무영수 한 가지를
불 속에다 갖다 심었는데,
춘삼월에 비가 오지 않더라도
붉은 꽃이 흐드러지게 피더라.

두암 현기
대선사

1962　향곡 스님을 은사로 득도
1980년부터 지리산 상무주암에서 수행정진 중

머무름이
없는 마음

青山白雲　청산백운

不離不合　불리불합

백운은 청산을 떠나 있는 것이 아니고,

청산이 백운을 떠나 있는 것도 아니다.

지금 이 자리의 대중은 청산이고 저는 백운입니다. 제가 청산이라면 대중은 백운입니다. 이러한 '불리불합不離不合'의 관계, 인연의 연기성緣起性은 만겁에 영원합니다.

부처님의 말씀을 담은 『염송拈頌』이라는 책이 있습니다. 그 『염송』의 제일 앞에 이런 말씀이 있습니다.

未離兜率　미리도솔

已降王宮　이강왕궁

未出母胎　미출모태

度人已畢　도인이필

세존이 도솔천을 여의지 않으시고

왕궁에 내려오셨다.

모태에 나시기 전에

중생을 다 제도해 마치셨다.

도솔과 왕궁 사이에는 공간적인 거리가 존재합니다. 또한 '모태에서 나기 전에 중생을 다 제도했다' 하면 여기에도 분명 시간적 간격이 있습니다. 상식적으로는 논리에 어긋난 말입니다. 육식의 경계로 보면 공간의 거리와 시간의 간격이 분명히 존재하지만 부처님은 이 법문을 통해 깨달음의 눈으로 보면 원래 그 간격이 없다는 말씀을 하고 있습니다. 무처무시無處無時, 공간의 간격도 없고 시간의 간격도 없다. 다시 말해 동시라는 얘기입니다.

공간은 나와 너, 즉 자타의 간격을 뜻합니다. 자타의 간격이 벌어지는 것은 밖으로만 보기 때문입니다. 『반야심경』에서 '오온五蘊이 공空함을 비추어 보고'라 하신 그 오온이 밖으로 있는 것입니다. '오온이 공함을 비추어 보고'에서 보고 듣고 생각하는 육근六根, 육식六識의 경계, 즉 밖으로 보는 것을 뒤돌아 거슬러 올라가면 공간의 간격은 없어집니다.

하늘에 달이 있고 천 개의 강에 물이 흐르면, 천 개의 강에도 달이 각각 있습니다. 천 개라는 그 달의 숫자가 바로 밖에 있는 공간입니다. 천 개의 강에 있는 달은 달의 그림자이므로 하늘에 달이 있으면 그림자는 따라서 나타나고 하늘에 달이 없으면 그것은 곧 사라집니다.

천 개의 강에 있는 그 달은, 다시 말해 천 개의 그 공간은 사실 없는 것입니다. 그러니 오온이 공함을 비추어 보면, 밖으로의 육진경계六塵境界는 그림자로 나타난 것이며, 따라서 눈에 보이는 산하대지山河大地가 본래는 실체가 없는 것입니다. 꿈을 꾸다가 잠에서 깨면 꿈속의 영상들이 순식간에 사라지는 것처럼 말입니다.

『반야심경』에 '무안이비설신의無眼耳鼻舌身意 무색성향미촉법無色聲香味觸法 무안계無眼界 내지乃至 무의식계無意識界'라는 구절이 있습니다. 눈이 없고, 귀가 없고, 생각이 없다. 여기에서 '없다'는 한마디로 물에 비친 그 달 그림자가 없다는 것입니다. 꿈을 꿀 때 나타난 그 꿈세계가 없다는 것입니다. 환유幻有가 사라지는 것이 바로 반야般若입니다. 환유가 사라짐이 바로 정안正眼입니다. 또한 그것이 관자재보살觀自在菩薩의 관觀입니다. 비춤, 이 비춤은 곧 깨달음입니다. 깨달음이란 꿈에서 깨어 눈을 뜨는 것입니다.

한 생각이 일어나면 생멸육도生滅六道가 일어나고, 한 생각 깨달으면 생멸윤회生滅輪廻의 육도六道는 사라집니다. 생멸육도가 사라지면 그것이 바로 평상심입니다. 지금 이 자리 성성惺惺한 것, 바로 보면 있고, 두 눈이 있어서 보이고, 두 귀가 있어서 들리고, 앉고자 하면 앉고, 서고자 하면 서고……. '기래끽반곤래면飢來喫飯困來眠'이라, 다만 평상심입니다. 지금의 이 평상심은 직절直截입니다. 바로 돌아서면 끊어지는 것입니다. 그래서 이 평상심을 확연허활廓然虛豁이라 합니다. 하지만 돌아섰는데도 마음이 끊어지지 않는 이유는 미迷해서 생멸경계에 있기 때문입니다. 즉 상相에 머무르기 때문입니다.

중국 선종의 육조인 혜능 스님은 출가 전 땔나무를 팔아 생계를 이어 갔습니다. 하루는 나무를 팔고 돌아오는 길에 『금강경』의 한 구절 '응무소주이생기심應無所住而生其心'을 듣게 됩니다. '머무르는 바 없이 그 마음을 내어라'라는 뜻입니다. 머무름이란 결국 상에 머문다는 얘기입니다. 상은 꿈을 꾸어서 나타나는 환유입니다. 밖에 있는 산하대지가 상이고 안에 있는 상념 역시 모두 다 상입니다. 그러니 안에도 머물지 않고 밖에도 머물지 않아야 합니다.

그 말을 듣자마자 육조 스님의 마음이 열렸습니다. 머무름이 없는 마음, 그 마음이 자성청정심自性淸淨心입니다. 그것이 딱 열리면 약식자심若識自心입니다. 자기 자신을 알고 견자본성見自本性이라, 자기 심성을 보는 것입니다. 자기 마음임을 알고 자기 성품을 본다는 것입니다. 자성청정自性淸淨, 자기 본래 마음을 깨닫게 된 것입니다.

　육조 혜능 스님은 그 경전에 대해서 물었습니다.

　"황매의 오조 홍인 스님으로부터 이 경을 얻어 왔다. 이 경의 이름은 '금강경'이라 한다."

　혜능 스님은 곧바로 오조 홍인 스님을 찾아갑니다.

　"너는 어디에서 왔으며 무슨 일로 왔느냐?"

라고 오조 스님이 물었습니다.

　"저는 영남 신주 땅의 백성입니다. 제가 여기에 온 것은 부처를 이루고자 함입니다. 오직 부처를 이루고자 함이고 다른 생각은 없습니다."

　그러자 오조 스님께서는

　"영남의 신주 백성이라면 갈료오랑캐인데, 천박한 자가 어떻게 부처 됨을 감당할 수 있겠느냐?"

라고 되물었습니다.

　그러자 혜능 스님은 다음과 같이 반박합니다.

　"사람에겐 남북이 있지만 불성에 어찌 남북이 있겠습니까?"

　눈과 귀가 어리석어 밖으로만 매달리는 사람이라면 절대 이와 같은 말을 할 수 없습니다.

　"저의 이 갈료 씨는 화상과 비록 다르지만 불성인들 어찌 차별이 있습니까?"

오조 스님은 불성을 얘기하고, 육조 스님은 그 불성에 차별이 없음을 얘기합니다. 이에 오조 스님이 깜짝 놀랍니다. 그리고는 곧바로 주변을 둘러보면서 혜능 스님의 입을 막습니다. 혹시라도 누군가 혜능 스님을 해칠까 걱정했기 때문입니다.

이 두 분의 만남은 부모와 자식 간의 상봉으로 설명할 수 있습니다. 자식은 제 얼굴, 제 눈, 제 손발을 가지고 태어납니다. 제 눈으로 보고, 제 귀로 듣고, 생각하고, 제 발로 어디든지 걸어갑니다. 육근, 육식이 전부 밖으로만 달아나기 때문에 부모와 헤어지기도 하고 원수가 되기도 합니다. 부모를 떠나 밖으로 달아난 자식은 가난의 신고辛苦를 당하기 마련입니다. 춥고 배고프면 부모를 생각하고 고향을 생각하면서 철이 듭니다. 온갖 고생을 다한 거지가 밥 생각이 나서 부잣집 대문 앞에 이르는 것처럼 말입니다. 혜능 스님은 밥을 구하는 거지의 마음으로 오조 홍인 스님을 찾아 법을 구했으니 이를 가히 헤어진 부모와 자식의 만남이라 할 수 있다는 뜻입니다.

육조 스님의 설법을 담은 『육조단경六祖壇經』에 다음과 같은 구절이 있습니다.

菩提自性　보리 자성
本來淸淨　본래 청정
但用此心　단용차심
直了成佛　직료성불

깨달음이란 자성이며 그것은 본래 청정하다는 의미를 담고 있습니다. 청정심은 경계에 물들지 않습니다. 경계라는 것은 아주 단순한데 마음이 일어나면 가지가지 법이 일어나고, 마음이 없으면 모든 법이 사라지기 때문입니다. 그 법이 나이며, 법이 나라는 그 근원은 마음이라는 이야기입니다. 평상시에 이 마음이 있는데 이 마음이 무심으로 돌아가는 것이 안 되기 때문에 생멸생사生滅生死를 거듭하게 됩니다.

지금 우리는 경계를 좇아서 일어나는 마음만 있고 돌아서는 마음이 없습니다. 돌아서는 그 마음이 없는 것이 문제입니다. 마음이 없으면 가지가지 법이 다 사라지게 되는데 말입니다. 오온이 공함을 비추어 봐야 하는데 이것을 하지 못합니다. 돌아보는 '조照'가 안 되기 때문입니다. 그래서 걸리는 것 없이 바로 끊어지는 '직절'이 안 되고 있습니다.

끊어지는 것은 아무것도 없는 것이냐? 끊어진 자리는 바로 본래의 심정자리인 자성청정입니다. 이 자성청정을 『금강경』에서는 '일체유위법一切有爲法 여몽환포영如夢幻泡影 여로역여전如露亦如電 응작여시관應作如是觀'이라 하고, 『법화경』에서는 '화중생련火中生蓮, 불속에서 연꽃이 핀다'라고 합니다. 육조 스님이 '머무는 바 없이 마음을 낸다'고 한 이것이 바로 자성청정심입니다.

지금 바로 이 자리, 즉 앉고자 하면 앉고, 서고자 하면 서고, 배고프면 밥 먹고, 목마르면 물 마시는 등 성성한 자리입니다. 이 성성한 것은 마음이 있으면 있고 마음이 없으면 사라집니다. 앞서 육조 스님이 오조 스님을 찾아가서 차별 없는 불성을 말했다고 했는데, 차별 없는 불성이 지금 이 자리 이 가운데 털끝만치도 떠나 있지 않다는 의미입니다.

그렇다면 지금 이 자리에 있다고 이것이 있는 것이냐? 이렇게 말했을 때에는 유有, 즉 있습니다. 지금 이것은 없는 것입니까? 이렇게 말하면 없는 겁니다. 왜 있다고도 하고 없다고도 합니까? 그것은 연기성 때문입니다. 이 성품, 자성청정심은 때를 맞이할 때, 즉 인연을 만나면 일어납니다. 그리고 인연이 다하면 사라집니다. 연생연멸緣生緣滅입니다. 지금 바로 이 자리가 연생연멸이라는 것은 불교에서 말하는 연기성 때문입니다. 인연을 따라 일어나고 인연을 따라 멸한다는 것입니다. 나도 남이 없고 멸해도 멸함이 없는 것이 불생불멸입니다. 화두를 들어 공부를 하다가 정말로 깊어지면 이 연기성을 깨닫게 됩니다.

欲知佛性義　　욕지불성의
當觀時節因緣　당관시절인연

시절인연이라는 것은 꽃이 피는 것을 보고 도를 깨닫고, 닭 우는 소리를 듣고서 깨닫는다는 이야기입니다. 달마 스님이 동쪽으로 온 까닭은 다른 뜻이 없고 다만 성품을 보아 부처를 이루게 한다는 목적입니다. 불립문자不立文字, 문자를 세우지 않는다는 것은 눈으로 보고, 귀로 듣고, 머리로 생각하는 것을 부정하는 것입니다. 육근, 육식을 완전히 부정하는 것입니다. 다시 말해 눈으로 보는 것, 귀로 들리는 것 등 이와 같은 모든 바깥의 성색경계聲色境界를 단박에 부숴 버리는 것입니다.

밖으로 있는 육진경계를 부숴 버린다는 뜻은, 보는 것도 막고, 듣는 것도 막고, 생각하는 것도 막아 버리니 은산철벽銀山鐵壁 아닙니까? 은산철벽이야말로 달마 스님의 철저한 자비입니다. 사람을 구하는 달마 스님의 철저히 붉은 마음입니다. 중생을 구제하는 달마 스님의 붉은 살점입니다.

눈은 색을 쫓아가고 귀는 소리를 쫓아가기 마련입니다. 색을 쫓고 성聲을 쫓는 것은 밤에 만나는 꿈의 세계와 같습니다. 꿈은 미혹으로 달아나는 것입니다. 선종에서의 공안은 밖으로 달아나는 이것을 한 칼에 막는 것입니다.

달마 스님의 자비인 '단칼에 문자를 세우지 아니한다' 역시 이렇게 함으로써 바깥 성색경계를 다 잘라 버렸습니다. 볼 수도 없고 들을 수도 없고 생각할 수도 없게 되었습니다.

여러분 모두는 각자 자기 얼굴을 가지고 있습니다. 그런데 이 중에 자기 얼굴을 볼 수 있는 사람은 아무도 없습니다. 거울 속에 비친 얼굴은 그림자일 뿐 본래의 자기 얼굴이 아닙니다. 결국 자기 얼굴을 본다는 것은 그림자를 보는 셈입니다. 꿈을 꾸면 저 천 리 밖에 달아나 있는 것이 자기 몸 보는 것과 마찬가지입니다.

우리가 두 눈이 있어 보고 두 귀로 들으면 바깥 성색경계를 따라가기 때문에 자기 얼굴을 못 봅니다. 자기 얼굴이란 지금 바로 두 눈이 있어서 보고 두 귀가 있어 들리는 이 바깥경계, 즉 마음을 말합니다. 일체유심조一切唯心造, 눈에 보이는 모든 이 산하대지가 마음으로 되어 있다는 것이지요. 자기 마음을 알아서 모든 것이 마음으로 되어 있다는 것을 보는 것이 육조 스님의 약식자심若識自心, 견자본성見自本性입니다. 그렇다고 해서 덮어놓고 눈도 막고 귀도 막는 것이 아닙니다. 다만 꿈꾸는 눈을 막는 것입니다. 미혹한 눈을 막는 것입니다.

우리의 미혹의 구름을 걷어 젖히는 것이 불조佛祖의 자비입니다. 미혹의 구름을 젖히면 눈을 뜨게 됩니다. 눈을 떠서 보면 일체가 마음세계, 모든 것이 마음으로 되어 있습니다. 마음이니까 돌아서면 끊어지는 것입니다. 모든 것이 마음임을 요달了達하여 돌아서면 끊어지게 됩니다. 그래서 생멸이 없는 것입니다.

선종에서 공안을 들어 견성을 한다는 것은 돌아서는 것입니다. 돌아서면 공공空空입니다. 모든 것이 비고 비어서 끊어지는 것, 아무리 눈앞에 빽빽하게 들어차 있어도 본래는 없다는 것을 깨우치라는 가르침입니다.

우리에게 있는 이 번뇌도 자성번뇌自性煩惱입니다. 번뇌란 본래 뿌리가 있어 제 스스로 자라나는 게 아니고 단지 마음에 의해 일어난 조작일 따름입니다. 자성번뇌는 자성자오自性自悟, 즉 스스로 깨달으면 번뇌는 곧 사라지는 것입니다. 지금 바로 이 자리, '화중생련', 불 가운데에 연꽃이 자성청정입니다.

이것을 땅에다 비유해 보겠습니다. 땅에는 본래 남이 없습니다. 본래 남이 없는 그 땅에 종자를 던져 놓으면, 즉 콩을 던지면 콩이 나오고 팥을 던지면 팥이 나옵니다. 땅은 종자도 없고 남이 없지만 그 땅에 종자가 들어가면 이 종자는 땅을 의지해서 나게 됩니다. 법문에서는 생生이 무생無生이라고 합니다. 생이란 육식으로 느끼면서 세상이 마치 실재하는 양 인식하고 집착하는 것입니다. 하지만 모든 존재는 연기성에 의해 나타나고 사라지니 본래는 나지 않은 것, 즉 무생이라는 뜻입니다. 육조 스님은 이 무생을 요달하신 거지요.

一一面南觀北斗 일일면남관북두
火中生蓮處瘠崖 화중생련처척애

'일일면남관북두'는 하나하나, 얼굴을 남쪽으로 해서 북두를 본다는 말입니다. 그런데 북두는 북쪽에 있는데 어찌해서 얼굴을 남쪽으로 해서 북두를 본다고 하는 것일까요? 이것은 처무애處無碍를 의미합니다. 공간이 없다거나 혹은 공간의 원근이 없다는 뜻입니다. 마치 부처님이 도솔천을 여의지 않고 바로 왕궁에 왔다는 것처럼 말입니다.

'화중생련처척애'라, 벌건 불 가운데에서 연꽃을 본다는 뜻입니다. 그런데 꽃은 피기까지 당연히 시간이 필요합니다. 봄에 심어서 가을에 열매를 맺는 것처럼 시간 간격이 있어야 합니다. 그런데 불이 벌건 화로에서 연꽃을 본다는 것은 시무애時無碍, 즉 시간 간격이 없다는 말입니다. 지금 바로 이것이 영산회상이고, 영산회상에 석가모니 부처님과 나와 자타 간격이 없다는 이야기입니다. 아시겠습니까?

지금 바로 이 자리가 3,000년 전 부처님이 설법하던 영산회상과 다를 바 없는 시무애입니다. 또 부처님과 나와의 공간 간격, 자타의 간격이 없는 처무애이기도 합니다. 선문에서는 '여하시불如何是佛이닛고, 어떤 것이 부처입니까?'라고 물을 때, '여시불汝是佛이라, 네가 곧 부처다'

라고 하는데 부처와 내가 어떤 차별도 없다는 말입니다.

그런데 여기서 '어떤 것이 부처입니까?'라고 물으면 그 답은 종사에게 있는 것이 아니라 이렇게 묻는 데에 바로 답이 있습니다. 정안正眼은 폭포수에서 물이 쏟아져 내려가는 그 흐름을 쫓아가는 것이 아니고, 그 폭포수를 거슬러 올라가는 것입니다. 근원을 거슬러 올라가는 것. 그것이 시심마是甚麼, '이 뭣고?'입니다. 돌아가는 것, 거슬러 올라가는 것, 흐름을 쫓아가는 것은 경계를 쫓아가는 것이지만 흐름을 거슬러 올라가는 것은 시심마입니다. 이 뭣고!

육조 혜능 스님은 오유일물吾有一物, 즉 나에게 한 물건이 있는데 밝기로는 해와 달처럼 밝고, 어둡기로는 칠흑보다 어둡다고 했습니다. 하나의 물건에 밝음이 있고 그 가운데 또 어둠이 있다고 합니다. 이 한 물건은 이름도 없고 글자도 없으며 다만 항상 움직여 쓰는 가운데 있다고 합니다.

그런데 이 자를 거두어 얻지 못한다고 했습니다. '수부득收不得, 거두어 얻지 못한다'. 묘하지 않습니까? 있는 것이냐, 없는 것이냐를 다투는 말이기도 한데, 있다고 말할 것이냐, 없다고 말할 것이냐를 모르기 때문에 결국 '시심마, 이 뭣고?'입니다. 해와 달처럼 밝고 또한 칠흑같이 어둡고, 이름도 없고 글자도 없고, 항상 움직여 쓰는 가운데 있으되 거두어 얻지 못하는 한 물건, 이것이 시심마입니다.

참선은 참으로 간단하고 명료합니다. 참선은 무엇을 의지하는 것이 없기 때문입니다. '도가 무엇입니까, 부처가 무엇입니까?'라고 물으면 선사들은 '삼 세 근'이라는 화두를 던집니다. 지금 도와 부처를 묻고 있는 너 자신을 되돌아보라는 가르침입니다.

　마음 바깥에 무엇이 따로 있는 것이 아니라 간절한 한 생각, 은산철벽, 즉 육근의 경계를 차단하는 것이 필요합니다. 화두는 이 은산철벽으로 들어가는 문입니다. '삼 세 근', 참으로 간단명료하지 않습니까? 앉으나 서나, 자나 깨나 삼 세 근!

　밖으로 돌아다니던 이가 배고파서 집으로 돌아갈 수 있게 만드는 것이 화두입니다. 꿈속에서 천 리 밖을 떠돌아다니던 바로 그놈, 꿈꾸는 그놈, 배가 고파야 밥을 찾듯이 마음의 허기가 있어야 비로소 발심을 하게 됩니다. '삼 세 근' 화두를 들면, 부모를 버리고 고향을 버리고 바깥으로 돌아다니던 미혹한 것이 돌아옵니다. 화두가 미혹한 눈을 막아 줍니다. 미혹한 길을 막아 줍니다. 갖가지 분별심, 허망한 망상도 막아 줍니다. 은산철벽, 이것은 그 미혹한 마음을 단칼에 잘라 버립니다. 이 간단한 이치, 그럼에도 불구하고 털끝만 한 틈도 없이 하루 스물네 시간 동안 나와 간격이 없는 것이 화두, 이 한 생각입니다. 앉으나 서나, 자나 깨나 화두 한 생각으로 철저히 되어야 합니다. 화두에 대한 신심과 의심이 철저하면 육조 스님께서 말씀하신 것처럼 자기 마음을 알아서 자기 성품을 볼 수 있게 됩니다. 어리석음에 빠져 있으면 전부가 경계이지만 자기 마음을 열면 이 경계는 모두 사라집니다.

　『금강경』「사구게四句偈」에 '범소유상凡所有相 개시허망皆是虛妄 약견제상비상若見諸相非相 즉견여래卽見如來'라는 구절이 있습니다. 모든 상으로 지어진 것을 상이 아닌 줄로 알면, 즉 깨끗한 것도 아니고 더러운 것도 아니고 옳은 것도 아니고 그른 것도 아닌 줄을 알면 부처를 본다, 그것이 곧 부처라는 뜻입니다. 자기 마음임을 요달하면 제상비상諸相非相임을 깨닫게 됩니다.

약식자심, 자기 마음을 알면 자기 성품을 본다고 했지요? 그런데 성품은 형상이 없습니다. 비록 형상은 없지만 인연을 만나면 나타나는 것이 성품입니다. 바로 연기성입니다. 눈에 보이는 모든 것이 연기성입니다. 이 산하대지가 연기성입니다.

그래서 이것은 있는 것도 아니고 없는 것도 아니라고 합니다. 쓸 때에는 있지만 쓰기를 다하면 없는 것이지요. 돌아서면 끊어진다는 이야기입니다. 그래서 대용직절大用直截입니다. 열반해탈이란 바로 돌아서는 것입니다. 돌아서서 끊어지는 것, 이것이 열반해탈입니다.

방하착放下着! 이게 무엇입니까? 견성하지 않으면 방하착이 되지 않습니다. 방하착이란 집착하는 마음을 내려놓는 것을 말합니다. 그 마음을 내려놓으면 편안해집니다. 자기의 성품을 요달하면 미혹한 경계가 붙을 자리가 없습니다. 일념오즉불一念悟卽佛이라 합니다. 이 한 생각, 한 생각이 미혹하면 중생이고, 한 생각 깨달으면 그가 바로 부처라는 말입니다. 육조 스님이 석가모니 부처님이고 육조 스님이 우리의 스승입니다. 지금도 여러분 가운데에도 육조 스님이 앉아 있습니다. 『육조단경』의 법문을 깊이 새기면 지금 이 순간, 여기 이곳에 육조 스님이 와 계시는 것과 다름이 없습니다.

대호대안大好大安, 크게 좋고 크게 편안하다는 말인데, 크게 좋고 크게 편한 것이 무엇입니까? 나에게 두 눈이 있고 두 귀가 있고, 두 팔과 두 발이 있습니다. 배고프면 밥 먹고, 목마르면 물을 마시고, 잠이 오면 잠자고, 앉고자 하면 앉고, 가고자 하면 가는 것, 이것이 좋은 것이고 이것이 편한 것입니다.

그러나 여기에 머무르면 안 됩니다. 미혹해서 밖으로 달아나지 않아야 합니다. 그럴 때 크게 좋고 크고 편안하다 할 수 있습니다. 이것이 대안입니다. 크게 좋고 편안한 이 자리가 육조 스님이 오조 스님을 찾아 부모 자식 상봉하는 겁니다. 우리가 참선 공부 잘하면 부처님을 만나는 것이고, 육조 스님을 만나는 겁니다. 육조 스님은 '불식자심不識自心하면 학법무익學法無益이다'라고 했습니다. 자심을 알지 못하면 아무리 법을 배워도 이익이 없다고 말씀하셨습니다. 공부는 마음공부입니다. 마음을 떠나는 것은 공부가 아닙니다. 마음을 밝히는 공부가 화두이며 화두일념話頭一念입니다.

화두는 철저해야 됩니다. 화두가 철저하지 못하면 미혹에 싸여 천 리 밖으로 달아나서 생멸윤회를 거듭하는 중생에 머물게 됩니다. 중생고를 면하려면 바로 지금 은산철벽의 자기 화두 한 생각에 철저해야 합니다.

> 山河大地 龜毛兔角　산하대지 구모토각
> 卽今大衆 喫飯喫茶　즉금대중 끽반끽다
> 이 대지산하가 거북의 털이요 토끼의 뿔이니,
> 여기 모인 대중들은 밥을 자시고 차를 드시오.

불심 도문
대종사

1946 동헌 스님을 은사로 득도
2007 원로의원(現)
2008 대종사(現)
2009 포교대상 수상
죽림정사 주석(現)
제방 선원에서 수행정진

한국불교
세계화의
근원을 묻다

法本法無法 법본법무법

無法法亦法 무법법역법

今付無法時 금부무법시

法法何曾法 법법하증법

법은 본래 법이 없는 법이니

법 없는 법도 또한 법이다.

이제 법 없음을 부촉할 때에

법을 법이라 한들 일찍이 무슨 법이었던가.

이 게송은 삼계의 도사요, 사생의 자부이신 시아본사 석가모니 부처님께서 마하가섭 존자에게 내리신 전법게입니다. 전법傳法이란 말 그대로 법을 전해 준다는 겁니다. 부처님께서는 당신이 깨달으신 미묘법문微妙法門 실상무상實相無相 청정법안淸淨法眼 열반묘심涅槃妙心 정법안장正法眼藏의 큰 가르침을 바로 이 사람, 부처님의 십대제자 중 한 사람인 가섭 존자에게 전한다는 뜻을 이렇게 밝히신 것입니다.

여기서 산승은 '간화선의 원류源流'에 대해서, 다시 말해 간화선의 근원에 대해 이야기해 보겠습니다.

널리 알려진 이야기입니다만 영산회상에서 부처님께서 말씀 없는 말씀으로 계시다가 문득 꽃 한 송이를 들어 보이셨습니다. 대중들이 너나없이 어리둥절해 하고 있을 때 단 한 사람, 저 말석에 앉아 있던 마하가섭 존자는 빙긋이 웃음을 지었습니다. 이심전심以心傳心!

마음에서 마음으로 그 뜻이 전해진 것입니다. 부처님께서 꽃을 들어 보이신 마음을 가섭은 알아들었기에 웃음을 지을 수 있었던 겁니다. 부처님과 가섭 존자의 이심전심은 모두 세 번에 걸쳐 회자되고 있습니다.

첫 번째는 다자탑전분반좌多子塔前分半座라, 사위국 급고독원에서 설법을 하시던 부처님께서 누더기를 입은 채 늦게야 나타난 가섭 존자에게 "잘 왔다" 반기시며 앉은 자리의 반을 나눠 주시고 그 덕을 칭찬하셨으며 존자 또한 기꺼이 그 자리에 앉은 일을 말합니다.

두 번째는 앞서 이야기한 영산회상거염화靈山會上擧拈花입니다.

세 번째는 쌍림수하곽시쌍부雙林樹下槨示雙趺입니다. 쿠시나가라 사라쌍수 아래서 부처님께서 입멸하신 지 7일이 지나서야 겨우 도착한 가섭 존자가 통곡하며 슬피 울자 부처님께서 관 밖으로 두 발을 내보임으로써 마음을 전하신 일이 그것입니다.

이를 삼처전심三處傳心이라고 합니다. 경전이나 의식이 아닌 부처님의 마음이 제자의 마음으로 전해진 이 세 번의 전법은 교외별전教外別傳이라 하여 선禪의 원류로 매우 중요시하였습니다.

서역 인도에서 부처님으로부터 시작된 정법안장正法眼藏의 전법은 마하가섭 존자에 이어 아난 존자, 상나화수 존자, 우바국다 존자를 거쳐 제7세 바수밀 존자, 제12세 마명 존자, 제14세 용수 존자 그리고 제28대 보리달마 존자까지 이어집니다. 그 법수法數를 헤아리니 모두 28대의 전등傳燈·불법의 정맥을 주고받는 일을 비유해 이르는 말이 있었습니다.

인도 땅에서 오랜 세월 환히 밝혀져 온 전등의 역사는 이제 동토東土 중국으로 이어집니다. 인도 제28대 전등 조사이신 보리달마 존자께서 중국에 건너오셔서 법을 전하셨기 때문입니다. 29대 혜가 신광 조사에게 법을 전하는 전법게가 있습니다.

  吾本來此土　　오본래차토
  傳法求迷情　　전법구미정
  一花開五葉　　일화개오엽
  結果自然成　　결과자연성
  내가 본래 이 땅에 온 것은
  법을 전해 미혹한 중생을 건지려 함이니
  한 송이 꽃에 다섯 꽃잎 열려
  결과는 저절로 맺어지리라.

달마 조사께서 동쪽으로 온 까닭이 그대로 밝혀져 있습니다. '법을 전하여 미혹 중생을 구제하고자' 오셨다는 것입니다. 그뿐만 아니라 달마 조사로부터 6대 때가 되면 중국 선불교라는 열매가 맺혀질 것이라고도 일러 주고 있습니다. 일화는 육조 혜능 스님을 말하고 혜능 스님 밑에 임제종, 위앙종, 운문종, 법안종, 조동종을 오엽이라 합니다. 남악 스님과 청원 스님의 양대 줄기로 내려가서 한쪽엔 두 줄기, 한쪽엔 세 줄기로 퍼져서 결과적으로 유명한 다섯 선종이 이루어졌다고 해서 '일화오엽'이란 표현을 씁니다. 또한 한국불교를 대표하는 대한불교 조계종은 육조 혜능 조사로부터 비롯된 만큼 역대의 전등이 이 땅에서 환히 밝혀지게 되었습니다.

중국불교 전등의 역사도 28대까지 이어집니다. 육조 혜능 조사에 이어 선종7대 제34조 남악 회양 조사, 선종8대 제35조 마조 도일 조사, 선종9대 제36조 백장 회해 조사, 선종10대 제37조 황벽 희운 조사, 선종11대 제38조 임제 의현 조사로 전법이 계속 이어집니다. 그러나 어찌된 일인지 석가여래부촉법釋迦如來咐囑法 선종29대 제56조 석옥 청공 조사에 이르러 동토, 즉 중국에서의 28대 역대 전등이 마무리됩니다.

이것으로 간략하나마 선의 원류에 대해 알아봤습니다. 이제부터는 달마 조사께서 육조 혜능 조사 때에 이르러 선불교가 세계화될 것이라고 전법게송으로 남기신 이유에 대해 살펴보아야겠습니다. 이를 위해서는 우선 '간화선'이 무엇인지, '선'이 무엇인지를 바로 알아야 합니다. 세상에서는 공부를 많이 한 사람에게 박사 학위를 줍니다. 그것은 아무나 받을 수 있는 것이 아닙니다. 초등학교부터 중, 고, 대학교 그리고 대학원까지 차근차근 공부해 올라가야 겨우 받을 수 있습니다. '선'이 무엇인지 아는 일도 꼭 같습니다. 기초부터 차근차근 바르게 알아야 비로소 수행정진할 힘을 갖게 되는 것입니다.

선禪이란 무엇입니까? 한마디로 일러 보십시오. 선은 '진정한 이치'를 깊이 사유하는 것입니다. 이 몸이라는 것을 사유해 보니 태어나고, 늙고, 병들고, 죽는 생로병사의 허상입니다. 마음은 생기고, 잠시 이어지고, 달라지고, 없어지는 생주이멸生住異滅의 허상입니다. 이 세계와 우주도 마찬가지입니다. 이루어지고, 존속이 되고, 무너지고, 공이 되는 성주괴공成住壞空의 허상입니다. '진정한 이치'를 깨닫기 위한 수행은 여기서 선뜻 한 걸음 더 깊이 들어갑니다.

이때 나오는 공부가 '진심眞心이 본성本性이다'입니다. 나고 죽는 생사生死도 아니고, 나오고 없어지는 생멸生滅도 아니며, 이루어지고 무너지는 성괴成壞도 아닌 불가사의한 실체, 형상이 없는 주인공 이것이 진실본성眞實本性이라는 겁니다. 더불어서 모든 존재는 이것이 있으므로 저것이 있고, 이것이 없어지므로 저것도 없어지는 인연의 가합상假合相이니 모두가 허상이나 진실본성은 불생불멸의 주인공이라는 겁니다.

이 진실본성을 보는 수행이 바로 선禪입니다. 무시로 불쑥불쑥 일어나는 마음에 대해 부처님께서는 『대일경大日經』「주심품住心品」에서 마음의 차별현상을 60심六十心으로 말씀하셨습니다. 이것을 중국 북송의 연수 선사께서 다시 네 가지로 정리하셨는데 그 내용이 『종경록宗鏡錄』이라는 책에 실려 있습니다. 육단심肉團心, 연려심緣慮心, 집기심集起心, 견실심堅實心이 그것입니다.

먼저 육단심이란 육체적인 생각에서 우러나는 마음이고, 연려심이란 보고 듣는 데에서 분별해 내는 마음을 말합니다. 셋째로 집기심은 제7말나식과 제8아뢰야식에서 망상을 내는 깊은 속마음을 이르는 말입니다. 마지막으로 견실심은 진실본성, 즉 부처님과 똑같은 그 마음자리를 뜻합니다.

'참선'이란 '참입선도參入禪道'의 줄임말로 부처님의 성품과 같은 불성佛性, 즉 견실심을 보는 수행을 가리킵니다. 다시 한 번 말씀드립니다.
"불성은 견실심이라, 진실본성을 보는 수행이 바로 선 수행이다!"

전생이나 금생에 공부 잘한 스님이나 도인이라면 굳이 말씀할 필요가 전혀 없겠습니다만 그러하지 못한 범부중생들은 선 수행을 어떻게 해 나가야 하는지를 알려주는 선 수행의 기본 방향에 대한 지침이 있습니다. '삼관법三觀法'이 바로 그것입니다. 정관靜觀, 환관幻觀, 적관寂觀의 세 가지 수행법을 이르는 말입니다.

첫째, 정관 수행이란 안의 경계를 보는 수행을 말합니다. 참선에 들면 홀연히 한 생각이 일어납니다. 이때 그 생각을 따라다니지 말고 '이 한 생각이 어디서 일어난 것인가? 이 생각이 일어난 당처가, 다시 말해 근원이 대체 어디인가?'를 집중해 관하는 것입니다. 그럼 그 한 생각이 일어난 근원, 당처가 사실은 아무 데에도 없다는 도리를 깨닫게 되고 아울러 고요한 마음자리를 지니게 됩니다. 그 고요함이 극치에 이르면 마침내 환하게 밝아지니 이것을 정관 수행이라고 하는 것입니다.

둘째, 환관 수행이란 것이 있습니다. 말 그대로 밖의 경계를 보는 수행입니다. 즉 우리 눈에 보이고, 귀로 들려 오고, 온몸으로 만져지고 느껴지는 그 모든 것들이 사실은 어떤 인연을 따라 수시로 일어났다 사라지는 가합성임을 알아차리는 것입니다. 또한 잠에서 깨고 나면 그 뿐인 꿈과도 같고, 실상이 아닌 헛것일 뿐인 바깥경계에 집착하거나 꺼들려서는 안 됨을 깨닫게 되니 집착을 여의어 진실본성이 환히 밝혀지는 수행입니다.

마지막 셋째는 적관 수행입니다. 안으로는 번뇌망상을 승복 받아 버리고, 밖으로 모든 경계의 집착을 놓아 버리게 되니 마침내 지극한 고요함의 상태에 이르게 되는 것으로 정관 수행과 환관 수행이 일치하는 수행입니다.

왜 삼관법을 참선 수행의 첫걸음이라 하는지 이제 이해가 되지요? 여기 앉아 계시는 큰스님들이나 전국 선방에서 정진하는 2,000여 명의 참선 수행 스님들에게는 정관이니 환관, 적관 수행을 거론할 필요가 없습니다. 간화선 수행을 하는 분들인데 이런저런 꼬리를 붙일 이유가 없습니다. 하지만 초심자들의 바른 참선 수행을 위해서는 삼관법을 바르게 수행해야만이 비로소 간화선의 위대한 스승님을 만날 수 있습니다. 이 점 꼭 기억해 두시기 바랍니다.

至大心此心　　지대심차심
至聖是此法　　지성시차법
燈燈光不差　　등등광불차
了此心自達　　요차심자달

지극히 큼은 이 마음이요,
지극히 성스러움은 바로 이 법이로다.
등과 등의 광명이 차별이 없음이니
이 마음을 스스로 통달해 마칠지어다.

묻겠습니다. 지극히 큰 것이 있다는 것이 과연 무엇이겠습니까? 아마도 형상이 있는 것으로 제일 큰 것은 바다와 육지요, 형상이 없는 것으로는 저 허공일 것입니다. 그런데 그것보다 더 큰 것이 있다고 합니다. 무엇이겠습니까? 바로 이 마음입니다. 우리 마음이란 말입니다.
이 게송은 동토 중국 제28대 석가여래부촉법 제56대 석옥 청공 조사가 고려의 태고 보우 조사에게 법을 전할 때에 읊으셨다는 전법게송입니다. 서역나라 인도에서 28대에 이르다 중국으로 전해져 또다시 28대를 잇는 전법의 역사가 이제는 우리나라로 옮겨지고 있습니다.

태고 보우 조사가 활동하던 고려 말은 공민왕의 노력에도 불구하고 정치는 부패하고 불교계는 타락한 아주 어지러운 시기였습니다. 조사께서는 교학 연구에도 많은 힘을 쏟으셨고 화두참구는 '죽음도 불사하겠노라'라는 자세로 용맹정진하셨습니다. 스님의 나이 47세 때인 1347년에는 중국 호주 천호암으로 가 석옥 청공 조사로부터 도를 인정받았고 40여 일간 석옥 스님 곁에서 임제선을 탐구하셨는데 이때 전법을 받으시니 석가여래부촉법 제57대 되시고 이 땅, 해동의 종조가 되셨습니다.

스님께서는 고려 우왕의 국사로 한양 천도를 주장하고 구산선문을 일문으로 통합하는 등 정치와 종교의 혁신을 도모하고자 하였으나 뜻을 이루지는 못하셨습니다. 그러나 스님은 임제종의 간화선풍을 적극적으로 도입하여 널리 폄으로써 한국적인 선 사상을 확립하셨기에 현재 대한불교조계종의 중흥조로 모셔지고 있습니다.

이번에는 선 수행의 종류에 대해 알아봅니다. 중국 당나라 때 이름 높은 사상가 중 한 사람으로 꼽히는 규봉 종밀 선사께서는 '5종선五種禪'이라 하여 다섯 가지로 분류하고 계십니다. 외도선外道禪, 범부선凡夫禪, 소승선小乘禪, 대승선大乘禪, 여래청정최상승선如來淸淨最上乘禪이 바로 그것입니다.

첫째, 외도선은 요가, 명상 등 이교도들의 수행법을 이르는 말입니다. 그런데 규봉 종밀 선사의 말씀을 빌면 '승천昇天, 천상극락에 태어나기를 목적으로 수행하는 것'이 외도선이라 하셨으니 불자가 오로지 극락에 태어나는 것을 목표로 수행을 한다면 이 역시 외도라 할 것입니다.

둘째, 범부선이란 말 그대로 평범한 인간들이 추구하는 수행법이라 하겠습니다. 수행의 목적을 대정각을 이루는 데 두지 않고 단순히 마음의 안정과 정신통일에만 두고 인과응보를 벗어나고자 하는 수행을 말합니다.

셋째와 넷째는 소승선과 대승선입니다. 이 두 수행법은 해탈解脫을 목적으로 한다는 공통점이 있습니다. 하지만 소승선은 아공我空, 즉 내가 없다, 무상하다는 것에 집중해 수행하는 데 비해서 대승선은 나도 없고, 고정된 실체도 없는, 일체 존재가 공空하다는 것을 수행하는 것이 차이점입니다.

마지막 다섯째 여래청정최상승선은 앞의 네 가지 선을 초월한 가장 뛰어난 수행법으로 '참선 수행'을 말합니다. 일명 조사선, 여래선이라고도 하고 간단히 줄여서 최상승선이라고도 하며 마음이 본래부처[本來是佛]요, 일체의 무한 공덕을 다 갖추고 있는 그 마음자리를 놓치지 않고 참구하는 선 수행법을 가리킵니다.

우리나라 불교의 전통 수행법인 간화선도 바로 최상승선에서 비롯되었습니다. 마치 물에서 물결이 나오는 것처럼 여래청정최상승선에서 진일보하여 간화선 수행법이 발전하게 된 것입니다. 이것을 한마디로 '조사 활구活句 간화선'이라고 합니다.

우리나라 전국에는 선방이 100여 개 남짓 개설되어 있고 참선정진하는 수좌 스님은 대략 2,000여 명 가량 됩니다. 결코 많지 않은 숫자입니다. 그러나 이들 수행자들이 인생의 근본 문제를 해결하기 위해 밤낮없이 정진하는 그 공덕으로 이처럼 편안한 세월을 맞고 있는 것입니다. 제불보살이 증명해 주시고, 천룡, 팔부, 신중의 보호가 늘 함께하고 있음을 잊어서는 안 됩니다.

우리나라 역사가 이를 증명해 주고 있습니다. 삼국통일의 위업을 달성한 신라도 말기에는 무척 혼란했습니다. 이때 구산선문九山禪門이 열립니다. 눈 푸른 참선 수행자들이 곳곳에서 열심히 수행한 그 공덕이 있었기 때문에 비록 신라라는 한 정권은 멸망하였지만 이 땅의 역사는 고려로 이어져 오늘까지 면면히 이어질 수 있었습니다. 또 고려시대에는 보조 국사와 태고 보우 조사 같은 위대한 선사가 배출되었습니다. 조선시대에는 서산 대사, 사명 대사 등등의 참선 수행자가 계셨기에 이 나라가 오늘처럼 보전될 수 있었습니다.

온 국민이 불법승 삼종 삼보에 귀의해서 공경하며 예배하고, 찬탄하며 참회하고, 뭇 생명들이 두루 평안하고, 복되기를 지극정성 발원하면서 부처님 세상이 하루 빨리 도래하길 우리 모두 기원합시다.

또 다른 게송을 소개하겠습니다.

非法非非法　비법비비법
非性非非性　비성비비성
非心非非心　비심비비심

付汝心法竟   부여심법경
법도 아니다 법 아님도 아니다.
성품도 아니다 성품 아님도 아니다.
마음도 아니다 마음 아님도 아니다.
너에게 구경의 마음법을 부촉하노라.

이것은 서산 대사로 널리 알려진 석가여래부촉법 제63대 청허 휴정 조사께서 편양 언기 조사에게 법을 전하신 전법게송입니다.

육체에 병이 들면 약을 써야 고쳐집니다. 마음에 병이 든 경우는 수행을 약 삼아 치료할 수 있습니다. 요즘 성性 문제가 심각하다고들 합니다. 얼마 전에는 인도에서 기막힌 일이 벌어졌다고 합니다. 그것도 많은 사람이 이용하는 버스에서 한 젊은 여성을 열 명이 넘는 남자들이 성폭행을 해 결국 생목숨을 잃는 사건이 있었다는 소식을 다들 들으셨을 겁니다. 그 얘기를 전해 듣고 저 병든 자, 성폭행을 저지른 남자들을 모두 잡아들여 부정관不淨觀 수행을 시켜야겠구나라고 생각했습니다.

부정관 수행이란 우리 몸이란 것이 더럽기 짝이 없는 것임을 깨닫도록 하는 겁니다. 호수 같은 눈동자, 앵두 같은 입술이라는 말에 속으면 안 됩니다. 세월이 흘러 나이가 들면 주름투성이가 되고, 혹시 사고라도 나면 예쁘고 멋지게 보이던 몸뚱이 속에 오줌, 똥, 고름이 가득 들어 있음을 알게 됩니다. 심지어 생전에 아무리 멋진 사람이었어도 죽고 나면 오뉴월 염천에 구더기가 득실대고 고약한 냄새를 풍기며 썩어

가게 됩니다. 이러한 사실은 부정관 수행을 하게 되면 단박에 깨치게 됩니다.

산란심散亂心이라는 것도 있습니다. 전화를 받았다 놓았다, 갔다 왔다, 시끄럽게 떠들어대다가도 또 언제 그랬냐는 듯이 입 꽉 다물고 있는 등 안절부절 못할 때가 있습니다. 마음자리가 산란하기 때문입니다. 그것을 산란심이라고 합니다. 이런 때에는 수식관數息觀을 해야 합니다. 모든 생각을 떨쳐 버리고 조용히 숨이 들어오고 나가는 것을 응시하면서 나가는 숨과 들어오는 숨에 숫자를 세어가며 집중 수행을 하는 것입니다. 언제 어디서나 할 수 있는 수식관은 흐트러져 갈피를 못 잡는 마음을 고요히 가라앉도록 하는 수행입니다.

자비관慈悲觀이라는 것도 있습니다. 이 수행법은 성을 잘 내는 사람, 제멋대로 성을 팍 냈다가 짜증을 내는 등 요동을 치는 진에심瞋恚心을 항복받고자 할 때 많이 수행하는 관법입니다. 관세음보살님 등 한없이 자애로운 불보살님의 상호를 머릿속에서 놓치지 않고 관觀하는 수행을 하다 보면 관세음보살님의 따뜻한 미소, 부드러운 눈길이 내 몸에 녹아들어 수행자가 어느덧 관세음을 닮아 마음 가득 부처님으로 채워져 절로 마음이 즐거워지는 수행입니다.

소승선에 대해 알아봅니다. 불교의 수행방법을 그칠 지止 자, 볼 관觀 자를 써서 지관止觀이라고 합니다. 지는 번뇌망상을 멈추는 것이고, 관은 지혜로 관조해서 진실본성을 꿰뚫어 보는 것입니다. 지라는 정적 수행과 관이라는 동적 수행이 하나로 수행되니 어지럽게 흐트러진 망상을 쉬고 마음을 한곳에 집중해 고요하고 맑은 슬기로 만법萬法을 비추어 보는 것이 지관이라는 겁니다. 소승에서는 그 대표적인 덕목을 37가지로 얘기하고 있는데 이를 37조도법助道法이라고 합니다.

37조도법이란 사념처四念處, 사정근四精勤, 사여의족四如意足, 오근五根, 오력五力, 칠각분七覺分, 팔정도八正道의 7가지 수행법을 이르는 말입니다. 이 중 여기에서는 사념처관四念處觀에 대해서만 간단명료하게 말씀드리겠습니다.

사념처관의 첫째는 신념처身念處라 하여 몸을 관하는 수행입니다. 지금 서 있는지, 앉아 있는지, 누워 있는지를 바로 알고, '나'라고 생각되는 이 몸을 나는 누구에게서 받았는지, 어떻게 성장했고, 늙고 병들면 어떻게 변하는지 등에 대해 알아차리는 겁니다. 생각과 달리 몸은 더럽고, 추하고, 영원한 것이 결코 아니라는 부정관은 신념처의 한 방법입니다. 신념처를 통해 몸에 대한 집착을 여읠 수 있게 되고 온 우주가 바로 '나'임을 비로소 깨닫게 되는 것입니다.

날이 갈수록 세상이 험악해지고 있습니다. 그렇게 걱정만 할 것이 아니라 대한민국 전 국민이 부정관 수행을 하게 되면 남녀 문제는 물론이요, '나'에 집착해 발생하는 사건, 사고는 더 이상 일어나지 않을 겁니다. 대통령을 비롯한 위정자들이 이런 사실을 간과하고 어찌 한 나라를 운영해 나가겠다는 건지 참 답답한 일이 아닐 수 없습니다.

사념처의 두 번째는 수념처受念處로 지금 괴로운지, 기쁜지, 슬픈지 순간순간의 느낌을 바로 아는 것입니다. 예를 들어 봅시다. 남자는 여자를, 여자는 남자를 만나고 보니 기분이 좋고, 결혼을 해 아이 낳고 가정을 꾸리고 보니 행복하다고 합니다. 또 일을 열심히 해서 재물을 얻고 보니 세상이 다 내 것 같기도 하고, 그러다가 나이 들고, 사업에 실패라도 하면 온통 괴롭고, 힘들고, 슬프다고 야단들입니다. 그런데 그 순간순간의 기쁨과 슬픔, 즐거움, 괴로움들이 영원하지도 않고 이것들이 서로 원인이 되기도 하고 결과가 되기도 한다는 것을 깨닫는 것입니다. 수념처의 수행법을 그래서 모든 것이 괴롭다고 보는 고상관苦想觀이라고 합니다.

세 번째 사념처관은 마음 심心 자를 써서 심념처心念處입니다. 탐욕, 성냄, 미움 등등의 마음은 수시로 생주이멸生住異滅합니다. 금방 나왔다가, 금방 없어졌다가 변화무쌍합니다. 심념처는 지금 마음이 화를 내고 있는지, 욕심을 부리고 있는지를 바로 알아차려 제행무상諸行無常의 도리를 깨닫는 것입니다. 이를 위해서는 무상관無常觀을 해야 합니다.

마지막 사념처관은 법염처法念處입니다. 세계와 우주의 모든 존재, '나'라고 생각했던 모든 것들의 실체가 없는 것이라는 사실을 깨닫는 겁니다. 시냇물, 강물을 생각해 보십시오. 생각으로는 여기 시냇물이 있다거나 강물이 있는 것 같은데, 물이란 계속 흘러 흘러가는데 어디를 시냇물이라 할 수 있습니까? '나'도 마찬가지입니다. 어제의 나와 오늘의 나가 절대 같은 존재가 아니지 않습니까? 그러니 나라고 할 만한 존재가 없는데 이것이 내 것이다, 네 것이다 할 이유가 없음을 깨닫는 게 법염처입니다. 즉 제법무아諸法無我의 도리를 알아차리는 수행을 해야 하니 그때 방법을 일러 무아관無我觀이라고 합니다.

소승선은 이처럼 '나'에 대한 공함과 허망함의 이치를 깨닫고자 하는 수행을 말합니다. 개략적이긴 하나 여러분들은 현세와 금세에 다 닦으신 분이기 때문에 이런 정도만 말씀드리겠습니다.

다음 염송할 전법게는 조선시대 숭유억불정책이 불교계로써는 얼마나 기막힌 역사였는지를 깊이 마음에 새기게 합니다. 먼저 다함께 염송한 후에 그 사연을 알아보도록 합시다.

沿流一段事　연류일단사
竟無頭與尾　경무두여미
付與獅子兒　부여사자아
哮吼滿天地　초후만천지

물 따라 내려 흘러가는 한 조각 일이니
필경 머리와 더불어 꼬리가 없도다.
사자 새끼에게 더불어 부촉하노니
사자 울부짖는 소리 천지에 가득하도다.

석가여래부촉법 제67대는 환성 지안 조사입니다. 조사께서는 조선 21대 영조대왕 1년에 모악산 금산사에서 화엄대법회를 열었는데 이때 모여든 대중들이 무려 1,400여 명이나 되었고 엄청난 호응을 얻었습니다. 이를 본 조선의 유생 수백 명은 승려들이 백성들을 선동해 투구를 쓰고 역적모의했다고 음해하는 상소를 올리는 어처구니없는 일이 벌어집니다. 저들이 투구라 모함한 것은 사실 철발우였다고 합니다. 당시 스님들은 요즘처럼 나무로 만든 목발우가 아니라 철발우로 공양을 한 것이었는데 말입니다.

이 모략으로 환성 지안 조사께서는 지리산에서 관군에게 붙잡혀 전라감형에 갇히게 됩니다. 상소 내용이 모함이었음은 곧 밝혀졌지만 유생들은 억지로 죄를 만들어 내 조사를 제주감형으로 유배시켜 버립니다. 그뿐만 아니라 유배된 지 불과 7일 만에 조사께서는 입적을 하게 되는데 모진 몽둥이질이 그 원인이었다고 합니다. 조선시대의 숭유억불정책으로 인한 불교 탄압이 이토록 극심했습니다. 환성 지안 조사는 법을 미처 다음 대로 전하지 못하시고 순교하시니 후세 사람들은 이를 두고 조사께서 허공에 법을 전하셨다 하며 생전 남기신 이 게송을 전법게로 받들기에 이릅니다.

조사의 입적 소식을 들은 당시 눈 푸른 조선 승려 50여 명이 금산 진악산 보석사에서 회의를 엽니다. 그 대표적인 인물이 금계 원우 선사, 호암 체정 선사 같은 분들입니다. 이 회의 결과 환성 지안 조사의 급작스런 입적으로 비록 석가여래부촉법의 전법이 여기서 끊어지긴 했지만 계대법으로라도 법을 잇자는 결의를 하고 회의 참가자 50여 명 전원이 석가여래부촉법 제67대 환성 지안 조사로부터 법을 잇는 68대 조사가 되셨습니다.

이후 우리 불교의 선맥은 몇 개로 나뉘어 전법을 하게 됩니다. 진악산 보석사 회의에서 호암 체정 조사로 이어진 법은 경허 성우 조사에게로 이어지며 석가여래부촉계대법 제75대로 이 두 분 스님을 추앙하고 있습니다. 경허 스님의 법맥은 만공, 수월, 혜월 스님으로 이어져 오늘까지도 그 문도가 크게 번성하고 있습니다.

또한 만해 스님과 함께 독립운동가로 널리 알려진 용성 진종 조사께서도 환성 지안 조사의 법맥을 이으셨습니다. 비록 시공을 초월한 일이지만 용성 스님께서는 스스로 환성 지안 조사를 원사하여 스승으로 삼고 석가여래부촉법 제68대로 자리매김하여 끊어진 법맥을 잇고 불교 근본으로 돌아가 올곧은 법의 기풍을 세우고자 하신 것입니다. 특히나 스님께서는 중국으로부터 전해 받은 계맥보다 한국에서 자생한 계맥을 더 중요하게 여기고 한국불교의 계율 전통을 확립해야 한다고 늘 강조해 가르치셨습니다. 이렇듯 한국불교의 선맥은 온갖 어려움에서도 도도히 이어져 오늘에 이르고 있으니 이 얼마나 감사한 일입니까?

용성 스님과 관련한 흥미로운 일화를 소개해 드립니다. 조선 순조 때에 이석우란 분이 계셨습니다. 이 분이 전라감사로 부임을 하게 되어 남원, 운봉, 장수 등지를 두루 돌아보셨던 모양입니다. 그 길에 장수 죽림마을 교두막에 도착해 주변을 두루 살펴보니 백두대간 중심인 장안산에서 뻗어온 맥이 여기에서 딱 떨어지더라는 겁니다. 그 점을 들어 이석우가 '앞으로 100년 이내에 이곳에서 대도인이 탄생을 해 멸망해 가는 나라를 구제할 것이다'라는 예언을 했다는 겁니다.

그로부터 71년 만에, 또 환성 지안 조사 순교 135년 만에 용성 진종 조사께서 태어나셨으니 어쩌면 이는 환성 지안 조사의 후신으로 오신 것은 아닐까 싶습니다. 지난 135년간 법이 끊어져 있었음을 안타까워 석가여래부촉법 제68대, 석가여래계대법 제75대 그리고 조선불교중흥율 제6대로 한 생을 사신 것이 아니겠습니까?

여하튼 서역 인도에서 석가모니 부처님으로부터 시작되어 역대 전등이 인도 28대, 동토 중국에서 또한 28대, 그리고 우리나라에 이어져 다시 28대를 이어 오고 있는 전법의 역사는 세계 역사를 통틀어 그 유례를 찾아보기 힘든 위대한 일입니다. 이렇듯 훌륭한 역사와 전통을 가진 선 수행의 역사를 이어 오늘의 우리들은 간화선의 대중화, 세계화를 이루어내야만 할 것입니다.

이쯤해서 대승선에 대해 다시 알아봅시다. 소승과 비교해 보면 이해하기가 더 쉽습니다. 즉 '나'뿐 아니라 세상 모든 존재, 즉 제법諸法이 공하고 허망한 이치를 깨달아야 한다는 것입니다.

마지막으로 여래청정최상승선이라고 했습니다. 이것은 자기 심성이 본래 청정하고 우주에 두루 하고 있으며 어떤 것도 번뇌라 할 것이 없고 모든 지혜 공덕이 본래부터 원만하게 구족되어 있음을 바로 알게 되는 수행법입니다. 부처님과 내가 다르지 않음을 비로소 깨닫는 수행이라고도 합니다. 그래서 일명 최상승선, 다시 위없는 선이라고 말하기도 합니다.

『수능엄경首楞嚴經』에 '여래선은 수능엄삼매首楞嚴三昧다'라고 되어 있습니다. '마음을 다스려서 허공과 같이 하고, 그 마음이 고요하여 비었으니 상相이 없다'고도 합니다. 쉽게 말하면 이 삼매야말로 일체 제법의 근원이요, 부처가 되는 삼매라는 것입니다.

그러나 여래선은 보리달마 조사가 전한 진선미眞禪味에는 도달하지를 못했습니다. 부처님 가르침 그대로 수행을 열심히 했기에 수능엄삼매는 들어갔지만 정법안장 하는 보리달마 조사의 그 진선미에는 도달하지 못했다는 것입니다. 다시 비유해 말씀드리자면 부처님은 곡선으로써, 조금 돌아서 쉽게 모든 중생을 수능엄삼매까지는 인도를 했지만 직선으로, 간단명료한 한마디로 말씀하시진 않았습니다. 그래서 눈 밝은 선지식과 큰스님들이 화두로써 일러 주는 조사선이 나오게 되었던 것입니다.

당나라 이후 여래선, 조사선이란 말이 같이 쓰이기도 했습니다만 보리달마 조사의 정전正傳인 시아본사 석존께서 마음으로서 마음을 전한 그것이 참된 선임을 바로 알아야겠습니다.

삼처전심의 이심전심되는 이 도리를 참구하는 것이 참된 선입니다. 그것이 최상승선입니다. 그에 반해 여래선은 수능엄삼매의 교설에 의거해서 깨닫는 선이므로 수능엄삼매에서 한 발자국 더 나아가는 것이 조사 활구活句의 간화선이요, 최상승선이라는 점 명심하기 바랍니다.

다음 게송은 조선불교중흥율 제6조, 석가여래부촉법 제68대, 석가여래계대법 제75대 용성 진종 조사가 동헌 완규 조사에게 법을 전하는 전법게입니다.

  山水與拄杖 산수여주장
  古人曾點得 고인증점득
  我也打合睡 아야타합수
  淸風過虛庭 청풍과허정
  불타 조사의 뜻과 더불어 주장자를
  고인이 일찍 지시하여 얻었도다.
  나는 앉아 졸음을 타파하니
  청풍이 허공을 곧게 넘더라.

이번에는 조사선에 대해 말씀드립니다. '조사선은 보리달마 존자가 소전所傳한 심인心印이다'라고 합니다. 또는 '조사선은 불립문자不立文字로 조사祖師와 조사가 본本을 전하는 선이다'라고도 합니다. 의해義解, 명상名相에 걸려 보리달마 조사가 전한 진선미에 이르지 못하는 것을 여래선이라고 한 것과 확연히 차이가 보이지 않습니까? 쉽게 말하자면 여래선과 조사선이 손잡고 같이 가다가 진일보해서 더 발전해 나간 것이 조사선이라고 이해해도 좋습니다. 또 달리 교외별전敎外別傳으로 지극한 선이 조사선이라고도 합니다.

이 조사선을 묵조선과 간화선으로 나누어 이야기합니다. 먼저 묵조선이란 적묵寂默으로 그 심지心地를 비추어 보는 선 수행이라 했습니다. 묵묵적조默默寂照, 성성적적惺惺寂寂이라. 가부좌를 하고 무념무상으로 묵묵히 앉아 참선을 하다 보면 어느 순간 몰록 비쳐지는 깨달음의 지혜를 얻어 불성을 찾는 참선법입니다.

게송 하나 더 염송하고 오늘 법문을 마무리해 봅시다.

龍師所授法　　용사소수법
非法非非法　　비법비비법
吾今無傳傳　　오금무전전
汝亦無受受　　여역무수수

불타 조사가 주신 바 법이여.
법도 아니다 법 아님도 아니다.
내가 이제 전한 바 없이 전하노니

너도 또한 받은 바 없이 받을지어다.

　이 게송은 조선불교중흥율 제7조, 석가여래부촉법 제69대, 석가여래계대법 제76대 동헌 완규 조사가 이 불심 도문 법사에게 법을 전해 주셨을 때 읊었던 것입니다. 용성 조사, 동헌 조사 그리고 저 불심 법사는 모두 피안교입니다. 이 언덕에서 저 언덕으로 갈 수 있도록 놓아진 다리라는 말입니다. 한국으로 옮겨 와 이어진 역대 전등은 석가여래부촉법 제57대 태고 보우 조사로부터 환성 지안 조사까지 모두 11대였습니다. 그 이후로도 역대 전등이 계대법을 통해 이어지고 있습니다. 석가여래부촉계대법 77대에서 다시 전법이 이뤄지면 이 땅, 해동 한국에서의 전등의 역사 또한 28대를 이루게 됩니다.

　이렇듯 오늘 법사가 장황하게 역대 전등의 역사에 대해 이야기한 이유는 지금까지 그래왔듯이 앞으로 전등의 근원이 되고, 중심이 되고, 기반이 되어야 할 수행법은 바로 간화선이어야 한다는 것을 강조하기 위해서입니다. 조사 활구 간화선으로써 불교를 세계화해 내야 한다는 말씀입니다.

　마지막으로 간화선이란 무엇인지 확실하게 일러드리겠습니다. 간화선이라 말할 때 간화의 '간看'이란 글씨는 '보는 것'을 의미합니다. 불교에서 '본다'는 말은 항상한 유견有見과 무상한 무견無見의 양변兩邊을 놓는 중도中道이고 그 중도를 깨치는 것이 정견正見임을 이르는 말입니다.

　고인古人의 공안을 간하는 참선 수행법, 그것이 바로 간화선입니다. 간화선 수행에는 세 가지 요건이 있습니다. 이것 역시 마음에 잘 새겨

두어야 합니다.

첫째, 대신근大信根이란 화두 자체를 믿음과 함께 화두를 제시해 준 스승의 가르침까지 확실히 믿는 것입니다. 『육조단경』에서는 '능히 자성을 깨치지 못하면 모름지기 선지식의 지도를 받아서 자성을 보라'고 말하고 있습니다. 굳건한 믿음으로 화두를 참구하는 것, 그것이 간화선의 첫 걸음입니다.

둘째, 대분지大憤志는 화두참구를 줄기차게 진행시켜 나아가라는 겁니다. 게으른 마음이나 의심에 휘둘리지 말고 간단없이 화두를 챙기려는 노력을 해야 합니다. 화두를 들다가 죽을지언정 화두에서 물러나지 않으려는 지극한 노력으로 간화선 수행에 임해야 한다는 말씀입니다.

셋째, 대의정大疑情은 화두에 강력한 의정을 일으켜서 더 나아가려야 나아갈 수도 물러서려야 물러설 수도 없는 의단독로疑團獨露를 말합니다. 화두를 늘 챙기라는 말씀이 바로 이것입니다. 고구정녕 화두를 들고 있으라는 말 또한 이와 같습니다. 이렇게 일심으로 화두를 탐구하면 누구라도 확철대오廓撤大悟하게 됩니다.

참선 수행 의단독로 하여지이다.

願以此功德　원이차공덕
普及於一切　보급어일체
我等與衆生　아등여중생
盡生極樂國　진생극락국

同見無量壽　　동견무량수

九品蓮華生　　구품연화생

涅槃樂證得　　열반락증득

皆共成佛道　　개공성불도

원컨대 이 공덕이

일체에 보급되어져서

나와 더불어 일체 중생들이

극락정토에 왕생하여

다 함께 무량수여래불을 친견하고

구품연화대에 수생하여

열반락을 증득하여서

모두 다 함께 불도를 이루어지이다.

은암 고우
대종사

1958   영수 스님을 은사로 득도
2007   원로의원(現)
2008   대종사(現)
금봉암 주석(現)
전국선원수좌회 공동대표 역임
제방 선원에서 수행정진

중도 사상과
마음의 평화

옛날 대주 혜해라는 스님이 마조 스님을 찾아뵈었을 때의 일입니다. 마조 스님께서 물었습니다.

"너는 어떻게 여기를 왔느냐?"

"스님께 불법을 배우러 왔습니다."

마조 스님께서 다시 물었습니다.

"너에게 있는 보물창고는 어찌하고 나에게 법을 구하느냐?"

느닷없는 '보물창고'란 말에 대주 혜해 스님은 몹시 당황했습니다.

"스님께 불법을 배우러 왔는데, 나에게 보물창고가 있다니요? 그게 무슨 말씀입니까?"

대주 혜해 스님에게 마조 스님이 말씀하셨습니다.

"바로 네가 묻는 그놈이다!"

부처님이 탄생하신 뒤 동서남북 칠보를 걸으신 후, 천상천하유아독존天上天下唯我獨尊이라 하신 것이 그 유명한 부처님 탄생게입니다. 그런데 운문 스님이란 분은 부처님의 이 말씀을 두고 "부처를 때려 죽여서 개한테 먹이로 주겠다"라고 했습니다.

저 남인도에서부터 머나먼 길을 걸어 중국에 선법을 전해 준 달마 대사가 있습니다. 백학명1867~1886 · 전남 영광 출생이란 스님은 달마 대사에 대해 이렇게 말했습니다.

"객질도 할 줄 모르는 놈이 주인을 수고롭게 하고 번거롭게 하면서도 얼굴에는 조금도 부끄러운 기색이 없구나. 달마, 이 자에게는 좋은 일은 적고 나쁜 일은 많더라."

이것들은 모두 마조 스님의 말씀처럼 개개인이 갖고 있다는 바로 그 '보물창고'에 대한 이야기입니다. 대주 스님은 마조 스님의 '묻는 바로 그놈이 보물창고다'라는 한마디를 듣고 그 자리에서 바로 깨쳤다고 합니다. 본래 부처로 존재하고 있었다는 그 깨침의 내용을 지금 옛 고사를 통해서 여러분께 말씀드리고 있는 것입니다. 수행을 한다거나, 혹은 깨친다거나 하는 것과는 상관없이 우리 모두는 본래 부처로서 존재하고 있습니다. 이것을 아는 것이 곧 수행이고, 이것을 체험했을 때 바로 깨쳤다고 이야기합니다.

그렇다면 옛 고승 중의 한 분이신 임제 스님의 경우를 들어 깨친다는 것에 대해 좀 더 자세히 들여다보겠습니다.

임제 스님이 황벽 스님 회상에서 수행정진할 당시의 일입니다. 그때 그곳에 목주 스님이 계셨는데 대중 가운데서 유독 진솔하게 공부에 몰두하고 있는 한 스님을 보게 됩니다. 그분이 바로 임제 스님이었습니다. 목주 스님은 임제 스님의 공부에 어떻게든 도움을 주고 싶어 했습니다.

"조실 스님한테 가서 법에 대한 것을 물었느냐?"

임제 스님은 도대체 무엇을 물어야 좋을지 몰라서 아직 못 물어보았다고 솔직히 대답했습니다.

"그렇다면 내가 하나 일러 주마. 너는 지금 조실 스님한테 가서 불법의 적적대의的的大意(的的 · 바른, 참된, 확실한)에 대해서 물어보아라."

임제 스님은 목주 스님이 일러 준 대로 조실인 황벽 스님에게 불법의 적적대의에 대해 물어보았습니다. 그런데 황벽 스님은 그 물음에 대한

답은 고사하고 느닷없이 몽둥이를 들어 임제 스님을 내리치는 것이 아니겠습니까? 그것도 한두 대가 아니라 스무 대씩이나 말입니다.

불법의 적적대의를 물으러 갔다가 한바탕 몽둥이 세례를 받고 나온 임제 스님은 몹시 당황했습니다.

목주 스님이 당황한 임제 스님에게 다시 물었습니다.

"그래, 조실 스님은 뭐라 답하시더냐?"

"답이 다 뭡니까? 말씀은 한 마디도 없이 냅다 몽둥이로 때리기만 하시던 걸요."

"그래? 그럼 또 가서 물어보아라."

그렇게 세 번을 거듭 가서 물어보았지만 돌아오는 것은 언제나 몽둥이 세례가 전부였습니다. 임제 스님은 크게 낙담하였습니다.

'아무래도 나는 황벽 스님하고는 인연이 없는가 보다. 여기서 이렇게 몽둥이나 맞고 있느니 차라리 다른 회상에 가서 제대로 공부를 하는 게 낫겠다.'

임제 스님은 이런 속마음을 목주 스님에게 털어놓았습니다.

"그래도 네가 여기서 3년 동안이나 스님의 은혜를 입고 살았는데, 갈 때 가더라도 스님한테 인사는 드리고 가야 되지 않겠느냐?"

목주 스님은 임제 스님에게 이렇게 일러두고는 따로 황벽 스님을 찾아 각별한 부탁의 말을 전했습니다.

"저 수좌가 진정으로 발심 수행하는 수좌입니다. 부디 깨달음에 이르도록 잘 지도해 주십시오."

떠날 차비를 마친 임제 스님은 목주 스님의 명대로 황벽 스님을 찾아

작별인사를 드렸습니다. 그런데 이번에는 달랐습니다. 황벽 스님은 몽둥이를 드는 대신 나지막하지만 단호한 목소리로 말씀하셨습니다.

"고안이라는 곳에 대우 스님이 계시는데 이왕 갈 거면 그쪽으로나 가거라."

그런데 황벽사에서 고안 대우사까지는 거리가 꽤 멉니다. 제가 고안 대우사를 여러 번 방문해 보았기 때문에 그 거리가 얼마나 먼지는 압니다. 임제 스님은 그 먼 길을 스승의 명을 따라 터덜터덜 걸어 고안 대우사로 찾아갑니다. 그 길을 걷는 동안 임제 스님은 내내 '불법 적적 대의를 물었는데, 왜 나를 두들겨 패기만 했을까?'라는 의문에 사로잡혔습니다. 끊임없이 그것을 의심하는 동안 마침내 고안 대우사에 도착했습니다.

임제 스님이 대우 스님을 찾아뵙고 인사를 드렸습니다.

"너는 어찌 여기에 왔느냐?"

"황벽 스님께서 대우 스님을 찾아뵈라 해서 이렇게 왔습니다."

"그래, 황벽 스님은 요즘 무슨 법문을 하더냐?"

"법문은 무슨……. 불법에 대해 물었더니 냅다 몽둥이질만 하지 뭡니까? 도대체 내게 무슨 허물이 있어 그렇게 몽둥이로 때리기만 하는지 도통 그 영문을 알 수 없습니다."

임제 스님은 대우 스님에게 하소연이라도 하는 듯 저간의 속사정을 털어놓았습니다. 얼마나 억울하였으면 만나자마자 그 얘기를 털어놓았을까요? 그 말은 곧, 황벽사에서 대우사에 이르는 그 먼 길을 걷는 내내 몽둥이로 맞은 것에 대한 의문을 잠시도 내려놓지 않았다는 증거에 다름 아닙니다.

대우 스님이 임제 스님에게 말씀하셨습니다.

"너희 스님께서는 너를 깨우치기 위한 노파심과 자비심으로 그렇게 하셨는데, 너는 어찌 무슨 허물이 있어서 때렸을까 하고 여직 그 원망심만 품고 있느냐?"

편을 들어주기는커녕 외려 자신을 질타하는 소리에 임제 스님은 정신이 번쩍 들었습니다. 바로 그 순간, 거기서 임제 스님은 비로소 깨달음을 얻습니다.

"황벽 불법도 별것 아니네!"

깨달음을 얻고 나서 임제 스님이 내뱉은 첫 말은 바로 이것입니다.

무다자無多子, 별것 아니네!

이게 무슨 뜻일까요? 대주 혜해 스님의 경우 보물창고도 그랬지요. 깨달음하고는 상관이 없구나. 이 둘은 모두 같은 뜻을 지니고 있습니다.

좀 전까지만 해도 무슨 허물이 있어 때린 건지 모르겠다고 하더니, 이내 "황벽의 불법도 별것 아니네"라고 말하는 임제 스님을 보며 대우 스님이 물었습니다.

"네가 뭘 봤기에 그러느냐?"

그런데 이번에는 임제 스님이 오히려 대우 스님의 옆구리를 크게 세 번 쥐어박았습니다. 대우 스님이 껄껄껄 웃었습니다.

"허, 그놈, 옆구리 쥐어박는 꼴이 완전 황벽 스님일세. 가풍은 못 속이겠군. 너는 얼른 가서 황벽 스님의 제자가 되어라."

기껏 떠나왔는데 또다시 그곳으로 돌아가라고 합니다. 본인의 의사와는 상관없이 두 어른 스님들이 주거니 받거니 임제 스님으로 하여금 고생길을 걷게 만들었습니다. 임제 스님은 별수 없이 다시 길을 걸어 떠나온 곳에 돌아왔습니다.

그때 마침 마당을 거닐고 있던 황벽 스님이 절 안으로 들어서던 임제 스님을 보고는 크게 꾸짖었습니다.

"이놈의 자식, 그렇게 싸돌아다니고 공부는 언제 할 것이냐?"

임제 스님으로서는 참으로 황망한 일이 아닐 수 없었습니다. 스님의 그 알량한(?) 자비 때문에 그 먼 곳까지 다리품을 팔고 왔습니다. 물론 그 걸음이 단지 다리품만 팔다 온 헛된 걸음은 아니었습니다. 깨치고 돌아왔으니 오히려 참으로 값진 걸음이었지요. 그런데 황벽 스님의 눈에는 그렇게 보이는 거예요. 임제 스님을 딱 보니 갈 때와는 완전히 달라져 있었던 것을 황벽 스님은 이미 알아차렸던 것입니다.

"내가 시킨 대로 대우 스님은 만나고 왔느냐? 거기에서 무슨 일이 있었느냐?"

임제 스님은 있는 그대로 말씀을 드립니다.

얘기를 다 듣고 난 황벽 스님이 말씀하셨습니다.

"대우 그놈, 나중에 내가 만나면 혼을 내주어야 되겠다."

아니, 당신 상좌를 깨닫게 해 주었는데 왜 혼을 낸다는 말입니까?

"스님, 나중까지 기다릴 거 뭐 있습니까? 스님이나 대우 스님이나 똑같은 사람 아닙니까?"

가만히 듣고 있던 임제 스님이 한마디 내뱉으면서 냅다 황벽 스님을 후려쳤습니다. 세속적인 입장에서 본다면 참으로 어처구니없는 상황일 것입니다. 감히 스승을 후려치다니요? 그러나 이 장면을 단지 세속적인 잣대로 이해해서는 안 될 것입니다. 여기서 깨달음이란 것은 새로이 어떤 마음을 얻는 것이 아니라 우리가 본래 부처로서 존재하고 있었다는 것을 확인하는 역사적인 과정입니다.

우리는 다 이미 '완성'입니다.『금강경』에 '태란습화胎卵濕化 유정무정有情無情 유상무상有想無想 비비상非非想'이란 구절이 있습니다. 우주에 있는 모든 존재를 아홉 가지로 나누고 있는데, 이것은 부처로서 다 완성되어 있는 것입니다. 사람만 완성되어 있는 것이 아닙니다. 유정무정, 모양 있는 것 모양 없는 것, 이것들은 그 자체로 이미 완성되어 있는 것입니다. 그 자체로 본래 완성되어 있는 것을 우리도 복원하기 위해서 오늘 이 자리에 모인 것입니다.

그렇다면, 이제 어떻게 하면 본래 존재하고 있는 그 존재로 돌아가서 행복하게 살 수 있을 것인가에 대해 생각해 봐야 할 것입니다. 가까운 곳에 놀러 간다 하더라도 그 목적지에 제대로 도착하기 위해서는 노정기가 필요합니다. 무턱대고 갈 경우의 시행착오나 오류를 줄이기 위해서라도 말입니다. 그렇듯이 본래 갖추고 있는 본성 그 자리에 되돌아가는 데에도 반드시 어떤 형태의 노정기가 필요할 것입니다. 저 또한 그러한 노정기를 보면서 지난 50여 년을 수행해 왔습니다. 아직 모자람이 많지만 제 나름의 노정기를 들려드리는 이유는 여러분들이 본래의 그 자리로 돌아가는 데 조그마한 보탬이라도 되었으면 하는 바람 때문입니다.

이제 부처님의 이야기로 돌아가 보겠습니다. 석가모니 부처님은 2,600년 전에 인도 지역에 자리한 한 작은 왕국의 왕자로 태어나신 분입니다. 최고의 권력에 최고의 학문 그리고 요즘 젊은이들이 열광하는 '몸짱'에 '얼짱'이니 세속적인 의미로 보면 무엇 하나 부족한 것이 없는 분이었습니다. 다만 이분에게도 하나의 아픔이 있었으니 그것은 바로 당신이 태어난 지 일주일 만에 어머니를 잃었다는 점입니다. 이 아픔이 아마도 상당히 오랫동안 당신의 마음 한쪽에 자리 잡고 있었을 겁니다. 생로병사에 대한 최초의 고뇌도 아마 여기에서 비롯되었을 것입니다.

그 당시 인도에는 힌두교가 오랫동안 지배적 사상으로 자리 잡고 있었는데, 이 힌두교의 근간이 바로 사성계급입니다. 사람의 신분에 엄격한 차별을 두어서 그 계급의 가장 아랫부분에 자리한 절대다수의 사람들은 엄청난 핍박을 받으며 고통스럽게 생활하고 있었습니다.

당신 개인적으로도 생로병사에 대한 고뇌를 겪고 있었지만, 그 당시의 불평등한 사회 역시 이분에게는 엄청난 고뇌로 다가옵니다. 어떻게 하면 인간들이 정말 평등하고 행복하게 삶을 살아갈 수 있을까? 이 마음이 결국 한 왕국의 왕자였던 사람을 출가의 길로 이끌게 됩니다.

그 당시에는 다양한 방법으로 수행하는 수행자들이 아주 많이 있었습니다. 그 모든 수행 집단에 들어가 이분이 체험을 해 봅니다. 그런데 그렇게 많은 수행법으로 아무리 수행해도 마음속에 있던 그 고뇌가 하나도 해결되지 않는 거예요. 결국 이분은 여타의 모든 수행법을 내려놓고 독자적으로 부다가야의 보리수 아래에 앉습니다. 그리고 삼칠일 동안 정定에 들었다가 새벽별을 보고 마침내 깨달음을 얻습니다. 이 깨달음을 얻고 나니 개인적으로 고뇌했던 의문스러운 점들이 한순간에 다 해결이 되는 것입니다. 이 깨달음대로 생활하기만 하면 생로병사라든지 사회의 불평등한 제도나 모순, 이런 것들도 다 고칠 수 있다는 확신을 얻었던 것입니다.

이 깨달음의 내용을 이야기하면서 포교를 한 것이 바로 불교입니다. 부처님의 위대하심은 이 깨달음을 혼자의 것으로 간직한 것이 아니라, 고통 받는 모든 대중과 함께 나누려 했다는 것에 있습니다. 물질이나 여러 가지 제도, 이런 것을 평등하게 바꾸는 것도 중요하지만, 그 제도와 물질 속에서 사는 사람의 마음을 바꾸어야 진정으로 행복하게 살 수 있습니다. 그 마음을 바꾸는 집단으로서 이 교단이 운영되기 시작했습니다. 2,600년이나 지난 한국에서 지금 수많은 스님들이 깨달음을 얻기 위해 수행을 계속하고 있는 것은 모두 고통 받는 다수 대중과 함께 그것을 나누기 위해서입니다.

그러면 이제 여기서 도대체 부처님이 뭘 깨달았느냐, 깨닫고 난 후에 우리가 뭐가 달라졌느냐 하는 것을 살펴봐야 하겠습니다.

여러분들은 다양한 직업을 갖고 있을 테고, 또 연령층도 다양하지만 그동안 살아오면서 '나'가 있다는 생각을 전제하면서 하루하루 살아왔습니다. '나'라는 생각을 1초도 놓치지 않습니다. 이 1초가 하루를 만들고 이것을 다시 30일 모으면 한 달, 이 한 달을 12개 모으면 1년, 이렇게 해서 30년, 40년, 50년……. 저는 77년 살았습니다. 하루도 이 '나'

라는 생각을 의식적으로든 무의식적으로든 잊어본 적이 없어요. 많은 신도님들도 예외는 아닐 것이라 생각합니다. 부처님이 깨닫고 보니까 이것이 문제였다는 것을 알게 되셨습니다. 이것 때문에 모든 사람들이 고통을 당하면서 그렇게 살아왔구나! 그러니까 당신이 깨쳤다는 것은 당신의 그 존재 원리를 바로 보았다는 것입니다. 자기가 본래의 존재 원리로 자신을 보니까 내가 있다고 집착하면서 살아온 그 시간들이 너무나 잘못되었다는 것을 알게 되었다는 뜻입니다.

부처님은 '나'라고 생각해 왔던 것이 잘못되었다고 했는데, 그렇다면 이 '나'라는 존재를 어떻게 보았는지를 따져 보면서 부처님이 깨친 이야기를 논리적으로 설명해 볼까 합니다. '나'라는 생각이 있어서 그동안 집착하면서 생활해 온 것이 잘못되었다면, 이 '나'라는 생각을 바꿔서 제대로 정확하게 보고, 그 본 결과로 마음이 바뀌면 매일매일 행복하게 살아갈 수 있는 계기가 마련된다는 결론에 닿게 될 것입니다. 그럼 부처님이 깨달은 후에 개개인을 어떻게 보았느냐, 이것은 앞서도 얘기했지만 사람뿐 아니라 이 우주에 있는 모든 존재가 같은 원리에 의해서 존재하고 있다는 것입니다.

이 부분을 좀 더 자세히 살펴보겠습니다. 내가 있다는 것은 착각이고 실재는 중도中道로서 존재하고 있다는 것입니다. 이것을 알아차릴 때 비로소 내가 있다는 존재를 제대로 보았다고 말할 수 있습니다. 그렇다면 이 중도란 것은 무엇인가 하는 의문이 또 생길 수 있을 것입니다.

『반야심경』에서는 오온五蘊이 개공皆空이라고 합니다. 이 오온이 개공한 것을 알면 모든 고통으로부터 벗어난다고 합니다. 육신과 정신을 오온이라고 말합니다. 색色은 이 몸뚱이고, 수상행식受想行識은 간단히 이야기해서 정신입니다. 이 몸뚱이와 정신이 공한 줄을 알면 모든 고통으로부터 벗어난다! 이 몸뚱이나 정신이 공한 줄 아는 것이 바로 중도입니다.

부처님은 모든 존재 원리를 중도라고 말씀하셨습니다. 제가 중도를 이해하고 나니 그동안에 보아왔던 존재 말고 우리 존재에 한 가지가 더 있다는 것을 알게 되었습니다. 그래서 이 중도를 쌍차雙遮, 쌍조雙照라고 설명을 합니다.

이 몸뚱이가 있다고 보면서 행동하는 것을 용用작용, 즉 쌍조라 하고, 작용을 일으키는 본질을 체體비작용, 즉 쌍차라 합니다. 용用작용만 보고 체體비작용은 보지 못하니 내가 있다는 아집과 이기심에 집착하게 됩니다.

작용作用 — 용用 — 쌍조雙照
본질本質 — 체體 — 쌍차雙遮

그렇다면 과연 쌍차란 무엇인가? 오온 색수상행식이 공하다고 보는 바로 그것이 쌍차입니다. 가끔 법회에서 쌍조와 쌍차에 대해 설명을 할 때 저는 주로 이 손으로 비교를 합니다.

내가 있다고 보는 것은 쌍조, 이것을 손바닥이라고 비교를 해 봅시다. 그렇다면 내가 무아고 공이라는 쌍차는 손등에 비유할 수 있겠지요. 그런데 이 손에는 손바닥과 손등, 둘이 어울려 작용하고 있지 손바닥 혹은 손등만 따로 있는 것이 아닙니다.

'쌍조' 할 때, 즉 이 손바닥을 이야기할 때 쌍차인 손등은 항상 같이 함께 붙어 있습니다. '쌍차' 할 때도 마찬가지입니다. 쌍조인 손바닥이 손등에 항상 같이 함께 붙어 있습니다. 이것은 분리되는 것이 아닙니다. 그래서 '쌍차, 쌍조'라는 말을 씁니다. 이 순간에도 쌍차, 쌍조 하는 예를 한번 들어보겠습니다.

여러분 가운데 내 이야기 듣다가 잠깐 집에 갔다 온 분이 있지요. 이야기 들을 때에는 손바닥, 즉 쌍조입니다. 그러면 집에 갈 때에는 이야기 듣던 것하고는 다른 생각으로 옮겨 갔잖아요. 그러면 손바닥$_{쌍조}$이었다가 그대로 손바닥$_{쌍조}$으로 집에 갔다가 다시 손바닥$_{쌍조}$으로 온 것은 아니지요. 여기서 이야기 들을 때에는 손바닥으로 있다가$_{쌍조}$ 집에 갈 때에는 그 이야기 듣던 것이 멈추었다가$_{쌍차}$ 집으로 갑니다$_{쌍조}$. 집에서 또 올 때에는 멈추었다가$_{쌍차}$ 다시 이리로 옵니다$_{쌍조}$. 이 순간에도 찰라찰라 끊임없이 생멸$_{生滅}$을 하고 있다는 거예요.

이것을 이해하는 것을 중도라고 합니다. 이 쌍차라는 존재를 이해하고 나면 마음은 편안해지고 지혜로워지고 행복감을 느끼게 됩니다. 부처님께서 깨달으신 것이 바로 이것$_{쌍차}$입니다. 우리는 이것$_{쌍차}$만 있는 줄 알았더니 이것$_{쌍조}$도 같이 있는 것입니다. 『반야심경』에서는 이것$_{쌍차}$을 공$_{空}$이라고 하는데, 왜냐면 이것은 작용이 그치기 때문입니다. 그러나 작용$_{쌍조}$과 비작용$_{쌍차}$이 항상 분리되지 않고 손등과 손바닥과 같이 함께합니다.

옛날 사람들은 이것$_{쌍차}$을 한결 소박하게 비유했습니다. 시골에 가면 흔히 볼 수 있는 것 중에 볏짚이 있습니다. 그런데 이 볏짚으로 만들어 낸 물건들은 아주 다양합니다. 가마니나 덕석 그리고 또 망태기와 짚신 등이 있습니다. 이것들은 모양도 다르고 쓰임새도 각기 다릅니다. 다만 만드는 재료가 짚이라는 공통점이 있습니다. 이것을 '본질'이라고 이야기하는데, 본질은 바로 하나입니다.

사람이라고 해서 다를 것이 없습니다. 남자가 다르고 여자가 다르고, 미국 사람이 다르고 한국 사람이 다르고, 이렇듯 형형색색 다 다르지만 '본질'에서는 바로 하나입니다.

때로는 연기緣起이기 때문에 공空이라고 말하기도 합니다. 연기란 단일로 독립되어 존재하는 것이 아니라는 뜻입니다. 그런데 흔히 내가 있다, 나는 단일로 독립된 개체라는 생각으로 생활하고 있습니다. 이것은 아주 잘못된 생각입니다. 나는 결코 단일로 독립된 개체가 아닙니다. 부처님은 지수화풍地水火風을 들어 이 네 가지 원소가 연기되어 몸뚱이를 구성하고 있다고 설명했습니다. 더 이상 얘기하면 당시의 사람들은 당연히 알아듣지 못했을 겁니다.

그렇다면 현대과학에서는 이 부분을 어떻게 설명하고 있는지 살펴보겠습니다. 1965년에 노벨물리학상을 수상한 '파인만'이라는 학자는 '나'라는 몸뚱이는 단일로 독립된 것이 아니라 수억만 개의 원자 덩어리로 연기되어 이루어져 있다고 주장했습니다. 현대과학자 중에는 약 60조의 세포가 연기되어 몸을 구성하고 있다고 주장하는 사람도 있습니다. 그렇다면 과연 이 많은 세포 중에 어느 세포를 두고 '나'라고 할 수 있을까요?

과학에서 밝혀진 것처럼 몸은 수억만 개의 원자 덩어리로 연기되어 이루어져 있습니다. 자기라는 존재를 바로 봐야 합니다. 그 많은 원자 가운데 어느 원자를 자기라 할 것입니까? 결코 단일로 독립된 것이 아닙니다. 그런데도 자신을 단일로 독립된 개체로 보면서 나다, 나다 합니다. 이 '나'란 것에 굉장히 애착을 느끼고 이 '나'를 위해서는 물불을 가리지 않고 싸움들을 합니다. 이것이 인간의 역사입니다.

해묵은 이야기 같지만 미국의 인종 갈등도 결국 이런 데에서 비롯된 것입니다. 단일로 독립된 내가 있다고 생각하고 백인이 흑인보다 우월하다고 생각하기 때문에 인종 갈등이 빚어지는 것입니다. 이런 갈등은 미국에서만 일어나는 것이 아닙니다. 동남아에서는 민족 갈등 때문에 크고 작은 싸움이 벌어지고 있습니다. 우리나라도 예외는 아닙니다. 지구상에 유일하게 이데올로기 갈등으로 분단되어 있는 우리나라는 핵 문제로 전전긍긍하고 있습니다. 이런 다양한 갈등 중에 가장 심각한 갈등은 바로 종교 갈등이라고도 할 수 있습니다.

저는 다른 종교를 비방할 뜻은 전혀 없습니다. 다만 한국에서 종교전쟁이 일어나지 않은 이유 중 하나는 바로 불교가 이런 넉넉한 마음을 갖고 있었기 때문이라는 점을 지적하고 싶습니다.

상대가 하는 대로 따라서 했다면 우리 역시 종교전쟁을 피해 가지 못했을 것입니다. 우리가 힘이 없고 무슨 논리가 부족해서 가만히 있는 것이 아닙니다. 불교는 아무리 핍박당하고 위해를 당하더라도 상대를 나와 똑같은 존재로 봅니다.

쌍차, 공인 그 자리는 같이 공유하고 있습니다. 개개인이 가지고 있는 것은 자성自性이라 하고, 그 자성자리를 통합해 놓으면 법성法性이라고 합니다. 자성과 법성은 분리되어 있는 것이 아닙니다. 불교는 인종을 초월하고 민족을 초월하고 이데올로기를 초월하고 종교마저 초월합니다. 그 모든 것을 초월할 수 있는 것이 바로 불교입니다.

부처님이 발견한 그 존재 원리를 먼저 이해해야 합니다. 그리고 체험해야 합니다. 그 마음으로 삶을 살게 되면 정말로 평화롭고 행복해집니다. 나 하나만 행복해지는 것이 아니라 내 주변의 사람들까지 모두 행복하게 만들 수 있습니다.

중도를 이해하면 어떻게 달라지는지 개인적 경험을 바탕으로 말씀드리겠습니다. 저는 쌍차를 이해하고 나서 남과 나를 비교하지 않게 되었습니다. 쌍차 그 자리에서 보면 결국 모두 하나이지 않습니까?

앞집은 그랜저를 타는데 왜 우리 집은 티코일까? 앞집 아이는 서울대학교를 다니는데 내 자식은 왜 이 모양일까? 이렇게 비교한다는 것은 쌍차를 모르기 때문입니다. 아, 티코 타면 어떻습니까? 그랜저 타고 헛된 우월감에 젖은 사람보다는 티코를 타더라도 비교하지 않는 사람이 훨씬 더 행복한 법입니다.

이 쌍차, 쌍조, 중도를 이해하지 못했을 때 저 역시 개인적인 고뇌에 휩쓸리곤 했습니다. 가끔은 주변 환경에 대해서 이런저런 실망을 할 때도 있었습니다.

신도들에게 신세지는 것이 부담스러워 혼자 힘으로 살아 볼 방도를 궁리하기도 했고, 차라리 속가로 돌아갈까, 그런 생각을 한 적도 있었습니다. 많은 갈등이 있었지만 어느 순간 이 중도를 이해하고 나니 지금 하고 있는 이 일과 이 생활이 너무나 가치 있는 일이라는 것을 알게 되었습니다.

마음에 여유가 생기니 다른 사람도 둘러보게 되었습니다. 나처럼 머리 깎고 승복 입은 승려들뿐만 아니라 속세에 살고 있는 사람들까지 모두 둘러보았습니다. 그들 역시 각자의 자리에서 굉장히 가치 있고 의미 있는 일을 하고 있다는 것을 알게 되었습니다.

이처럼 중도를 이해하게 되면 이 세상의 모든 일이 가치 있고 의미 있다는 것을 알게 됩니다. 『아함경』에 다음과 같은 대목이 있습니다.

부처님 당시에 똥 푸는 젊은이가 있었습니다. 그 사회에서 가장 낮은 신분인 천민이었지요. 조선시대로 치면 상놈으로 불리며 천대받던 신분입니다. 이 사람은 부처님의 법을 간절히 듣고 싶어 했습니다. 하지만 막상 부처님을 만나면 항상 도망을 갔습니다. 천민의 신분에 직업도 천하고 게다가 몸에서는 늘 오물 냄새가 풍기니 행여 부처님 가까이 갔다가 부처님까지 오염시키는 건 아닐까 걱정했기 때문입니다. 처음에는 무심코 봤던 부처님도 이 젊은이가 만날 때마다 도망을 가니 어찌된 영문인가 싶어 그 청년의 마음을 들여다보게 됩니다.

부처님은 마음을 깨달은 분 아닙니까? 누구보다도 그 마음을 잘 보는 분입니다. 아, 저 젊은이는 정말 착한 본성을 가졌구나. 하지만 생각을 잘못해서 저렇게 마음의 고통을 받고 있구나. 그래서 부처님은 고통 받는 젊은이의 마음을 바꿔줘야겠다고 생각을 합니다.

그 젊은이가 부처님을 보고 도망가면 부처님은 항상 앞질러 갑니다. 이 골목으로 도망가면 이 골목의 끝에서, 저 골목으로 도망가면 저 골목의 끝에서, 젊은이가 도망치는 곳마다 그 앞쪽에서 다시 부처님을 마주치게 됩니다. 마침내 막다른 골목에서 딱 부닥친 젊은이가 부처님에게 애원을 합니다.

"부처님이시여, 저를 괴롭히지 마십시오."

"내가 너에게 욕한 적도 없고 때린 적도 없는데 왜 괴롭힌다고 생각하느냐?"

"저는 천민으로 직업도 천할 뿐더러 몸에서는 오물 냄새가 납니다. 부처님처럼 위대한 분 옆에 있는 것만으로도 저는 죄를 짓게 됩니다. 제발 제 가까이 오지 마십시오."

"네가 잘못 생각하고 있구나. 그 생각을 바꾸어라."

"저는 본디 천한 신분인데 그것을 어찌 생각으로 바꾸겠습니까?"

"네가 천민이라고 하지만 그것은 힘 있고 권력을 가진 자들이 너 같은 사람들을 부려먹기 위해 만들어 놓은 제도일 뿐이다. 어머니로부터 태어날 때 천민이 따로 있고 귀족이 따로 있겠느냐. 그런 사람들에게 속지 말거라."

"그렇지만 부처님, 제가 하고 있는 이 일은 누가 봐도 천한 일입니다. 천민 신분은 그렇다 하더라도 똥 푸는 것은 천한 일이지 않습니까?"

"아니다. 고관대작高官大爵이라 하더라도 백성을 괴롭히는 사람이라면 그가 하는 일이 곧 천한 일이다."

권력을 가진 자들이 그 권력을 이용해서 국민을 괴롭히는 것을 우리는 많이 봐 왔습니다. 가진 게 많은 사람은 그것을 지키기 위해서라도 타인을 이용하고 고통을 주는 사례가 흔히 있습니다. 부처님 당시에 3D업종이라는 말은 쓰지 않았겠지만 똥 치우는 일은 그때도 지금처럼 아무나 흔쾌히 할 수 있는 일이 아니었을 것입니다. 남이 싫어하는 일을 대신하는 것만으로도 남을 돕는 행위가 된다는 것, 부처님은 그 젊은이에게 이 말을 하고 계신 겁니다. 생계를 이어 자기를 돕고 더불어 타인의 편의까지 살피니 어찌 이것을 고관대작과 비교해 가치가 덜하다 할 수 있습니까? 부처님은 고관대작보다 오히려 이 젊은이가 훨씬 낫다고 용기를 북돋워 줍니다.

부처님의 말씀을 듣고 생각을 바꾸고 나니 이 젊은이는 이제 두려움이 없어졌습니다. 그 이튿날부터는 오히려 부처님을 안 보면 못 견딜 지경이 되었습니다. 늘 도망만 가던 사람이 이젠 아예 부처님이 지나가는 길목에 서서 기다리고 있습니다. 마음을 바꾼 젊은이의 눈엔 이제 부처님이 뒷집 아저씨, 옆집 할아버지와 다르지 않습니다.

결국 이 젊은이는 출가를 합니다. 출가를 해서는 큰 도인이 됩니다. 비록 천민의 신분으로 천한 직업을 가지고 살았지만 마음만은 누구보다 깨끗했던 사람입니다. 이런 사람은 훨씬 더 빨리 깨닫는 법이니까요.

나와 남을 비교하지 않으면 자신이 하고 있는 일에 대한 가치와 의미를 알 수 있습니다. 덧붙여 또 하나 잊지 말아야 할 것은 아무리 힘들더라도 자기 문제는 자기 스스로가 해결해야 된다는 것입니다. 하다못해 마당 쓸 능력이라도 있으면 스스로 자기 마당을 쓸어야 한다는 것입니다. 자주적인 사람이 되어야 한다는 뜻입니다.

중도를 이해하면 이 세 가지, 남과 비교하지 않게 되고, 자신이 하는 일에 대해서 가치와 의미를 알게 되며, 스스로 자주적인 사람이 될 수 있다는 사실을 말씀드렸습니다. 지금도 나는 내 빨래를 내가 하고 있습니다. 나뿐만 아니라 다른 스님들도 다 그렇게 하고 있습니다.

  내 나이가 지금 77살이니 빨래 정도는 은근슬쩍 남에게 맡겨도 크게 욕먹을 일은 안 될 것 같습니다. 그런데 그렇게 못하고 있습니다. 내 빨래는 내가 하는 게 이젠 습관이 되어 버렸습니다. 남이 대신 해 주는 것이 오히려 불편합니다. 많은 스님들도 모두 마찬가지일 겁니다. 중도를 깨친 스님들은 그래서 굉장히 자주적인 사람이라 할 수 있습니다. 이 이야기를 듣고 나서 깨달은 처사님들이 오늘 저녁 집으로 돌아가면 틀림없이 설거지 정도는 하게 될 것이라 여겨집니다.

  안타깝게도 OECD 회원국 가운데 우리나라가 이혼율 1위라는 통계가 나와 있습니다. 여러 가지 사정이 있겠지만 결국 이혼이라는 것은 부부간에 성격이 맞지 않아 다툼 끝에 헤어지는 것이라 할 수 있습니다. 서로의 가치를 인정해 주면 될 일인데도 이 간단한 일을 못하는 것은 바로 중도를 모르기 때문입니다. 자주적인 사람, 남과 비교하지 않는 사람, 다른 사람의 직업이나 성격을 있는 그대로 인정해 주는 사람, 이런 사람들은 결코 이혼할 일이 없습니다.

  같은 손에 달린 손가락도 긴 게 있고 짧은 게 있습니다. 길고 짧기 때문에 기능을 잘하고 있습니다. 이 길고 짧은 것을 길다거나 혹은 짧다고 시비하면 다툼이 벌어질 수밖에 없습니다. 긴 것은 긴 것대로, 짧은 것은 짧은 것대로 서로 인정하기만 하면 다툼은 자연스레 사라집니다.

비록 나와는 다르지만 서로가 서로를 인정하는 것, 이것을 우리는 소통이라고 합니다. 안타깝게도 우리 사회는 지금 소통이 전혀 이루어지지 않고 있습니다. 보수와 진보의 갈등이 아주 첨예화되어 있습니다. 생산을 많이 하자는 보수 진영이나 더 많이 나누자는 진보 진영이나 따지고 보면 다 국민들을 위하자는 방편으로 우리 사회에 꼭 필요한 것들입니다. 중요한 것은 서로를 인정하는 가운데 어떻게 하면 더 많이 생산하고 어떻게 하면 더 잘 나눌 수 있느냐, 지혜롭게 이런 것들을 의논하는 것입니다. 서로를 존중하면서 오순도순 정치하면 얼마나 좋겠습니까?

지금 우리 사회에서 갈등으로 인해 소모되는 돈이 국내총생산의 약 27%라고 합니다. 3년 전 우리나라의 GDP가 1,000조 원 정도였으니 그것의 27%는 약 270조입니다. 그때 우리나라의 예산은 약 300조였습니다. 거의 이 나라의 한 해 예산과 맞먹는 돈이 갈등으로 인해 사라지는 것입니다. 이 얼마나 아까운 일입니까? 그 돈이면 반값 등록금도 실현할 수 있고, 복지 혜택도 더 늘려 갈 수 있으며, 할 수 있는 일이 얼마든지 있습니다. 진보와 보수가 서로 다투는 것은 돈 들여서 고칠 수 있는 일이 아닙니다. 방법은 오히려 간단합니다. 마음 하나만 바꾸면 충분히 가능한 일입니다.

중도를 제대로 이해한다면 정치가들은 쓸모없는 일에 더 이상 기운을 낭비하지 않고 진실로 국민을 이롭게 하는 일에 헌신할 수 있을 것입니다. 각 가정도 마찬가지입니다. 남편이나 아내나 이것은 누구나 같이 공유할 수 있는 내용들입니다. 마음을 바꾸면 됩니다. 또한 그렇게 마음이 바뀌어집니다. 이것이 바로 불교에서 말하는 지혜입니다.

불교가 먼저 시작해야 합니다. 부처님의 가르침대로 나의 존재 원리, 즉 중도에 대한 깨달음을 얻어야 합니다. 개인의 마음이 바뀌고 가정의 마음이 바뀌면, 그래서 불자들의 삶이 진실로 행복해지면 이 기운은 점차 사회로 확산될 것입니다. 개개인의 삶의 질이 달라질 것이며, 도무지 답이 보일 것 같지 않은 남북 문제도, 여야 갈등 상황도 해결의 실마리를 향해 나아갈 것입니다. 이렇게 날마다 좋은 날이 이어질 것입니다.

개인적으로 저는 출가할 때 굉장히 고통스러운 상황이었습니다. 폐결핵을 심하게 앓고 있었고, 정신적으로도 고뇌가 많아 마음속 깊이 말 못할 고통을 겪고 있었습니다. 하지만 출가를 하고, 부처님의 법을 배우고, 부처님이 깨달은 그 세계, 중도를 이해하고 난 지금, 저는 너무나 행복합니다.

이 자리에서 제가 여러분께 중도에 대해 말씀드렸는데 설명이 충분치는 않았으리라 생각됩니다. 하지만 이것 하나만 꼭 기억해 주시기 바랍니다. 부처님이 깨달은 세계가 중도이며 그것이 바로 우리의 존재 원리라는 사실을 말입니다.

덧붙여 한 권의 책을 소개하고자 합니다.

1967년도에 성철 스님이 법문한 내용을 엮은 『백일법문百日法門』이란 책입니다. 성철 스님은 이 책에서 팔만대장경을 일일이 예로 들며 부처님의 가르침을 설명하고 있습니다. 저도 이 책 덕분에 거기에 언급

된 경들을 많이 읽으며 공부할 수 있었습니다. 결국 불교, 즉 부처님 가르침의 핵심은 바로 중도라는 것을 여러분은 이 책을 통해서도 알게 될 것입니다.

책을 읽으며 마음에 와 닿는 구절, 혹은 스승이 될 만한 글귀가 있으면 그것을 방에 걸어 두는 것도 공부에 큰 도움이 될 것입니다. 그 구절을 마음에 새길 때마다 행복을 느끼고 나아가 이웃을 행복하게 만들 수 있다면 우리나라, 더 넓게는 세계의 모든 인류가 갈등 없이 행복하게 사는 세상을 만드는 데 우리가 큰 역할을 하리라고 봅니다. 고맙습니다.

부록 - 수행 체계

간화선 지도

1. 자각 종색 선사 『좌선의坐禪儀』

　대저 반야를 배우려는 보살은 먼저 마땅히 큰 자비심을 일으키고, 넓고 큰 서원을 일으켜서 부지런히 삼매를 닦아 중생을 제도하려는 서원을 세워야 하니, 자기 한 몸만을 위하여 홀로 해탈을 구함이 아니기 때문이다.

　모든 생각함을 놓아 버리고 만 가지 일을 쉬어 몸과 마음이 한결같아 움직임과 고요함에 간격이 없어야 한다. 먹고 마시는 양을 잘 조절하여 적지도 않고 많지도 않게 하며 잠자는 것 또한 잘 조절하여 너무 줄이거나 너무 많이 자지도 말라. 좌선하려고 할 때에는 한가하고 고요한 곳에서 깔개를 두껍게 깔고 옷 띠를 느슨하게 매고 몸가짐을 가지런히 한 후에 결가부좌하고 편히 앉아라.

　먼저 오른발을 왼쪽 허벅지 위에 편히 올려놓고 왼발을 오른쪽 허벅지 위에 편히 올려놓는다. 혹은 반가부좌해도 되니, 다만 왼발로 오른발을 눌러 앉아라. 다음에는 오른손을 왼발 위에 편히 올려놓고 왼손바닥을 오른손바닥 위에 올려놓아 양손의 엄지손가락을 마주하여 서로 떠받치게 하라. 그리고 천천히 몸을 들어 전방을 향한다. 다시 좌우로 흔들어 움직이고서 몸을 바로 하고 단정히 앉으라. 좌우로 기울거나 앞으로 굽거나 뒤로 넘어가게 하지 말며 허리와 척추, 머리와 목의 뼈마디가 서로 떠받치게 하여 그 모습이 부도와 같이 하라.

　또 몸을 너무 지나치게 솟구치게 하지 말고 사람의 기가 급해 불안케 하지 말며 반드시 귀가 어깨와 수직이 되게 하고, 코는 배꼽과 수직이 되게 하며, 혀는 윗잇몸을 떠받치게 하고 입술과 이는 서로 붙여라. 눈은 반드시 가늘게 떠야 졸음을 면할 수 있으니 만약 선정을 얻게 되면 그 힘이 가장 수승할 것이다.

 옛날에 선정을 익히던 고승이 있었는데 앉았을 때에는 항상 눈을 떴으며, 법운 원통 선사도 역시 눈 감고 좌선하는 사람들을 꾸짖어 검은 산의 귀신굴이라 말하였다. 대개 고인들의 말씀에 깊은 뜻이 담겨 있으니 통달한 자는 그 뜻을 알 것이다. 몸의 모습이 이미 안정되고 기와 숨이 잘 조절된 연후에 배와 배꼽을 느슨하게 풀어놓고 온갖 선과 악을 생각하지 말라.

 생각망념이 일어나면 곧 살필지니 살피면 곧 생각이 사라지리라. 오래하여 생각함을 잊게 되면 저절로 한 조각을 이루게 되니 이것이 좌선의 요긴한 방법이다. 좌선이 안락의 법문이라 가만히 일러 주지만 사람들이 병을 많이 이루는 것은 대개 마음을 잘 쓰지 못한 까닭이다. 만약 이 뜻을 잘 알아 얻으면 자연히 사대가 가볍고 편안해지고 정신이 상쾌하고 예리하게 되며 바른 생각[正念]이 분명하여 법의 맛이 정신을 도와 고요하여 맑고 즐거우리라. 만약 이미 밝혀낸 이라면 마치 용이 물을 얻음과 같고 범이 산을 의지한 것과 같다고 말할 수 있으며, 만약 아직 밝히지 못했다 하더라도 또한 바람 따라 불을 부르는 것과 같아 힘씀이 그리 많지 않으니 다만 긍정적인 마음만 뚜렷하면 반드시 서로 속이지 않을 것이다.

 그러나 도가 높아지면 마가 왕성하여 거스르고 따르는 마가 만 갈래이니 단지 바른 생각이 앞에 드러나면 온갖 마가 걸리게 하지 못한다.

『능엄경』과 천태의 『마하지관』과 규봉의 『원각경대소수증의』 등에 마의 일을 자세히 밝힌 것과 같으니 미리 갖추어 잘못되지 않으려는 이는 이것을 반드시 알아 두어야 한다.

만약 선정에서 나오려고 하면 천천히 몸을 움직여 편히 일어나 급하게 서둘지 말아야 한다. 선정에서 나온 뒤에도 온갖 때에 항상 방편을 지어 선정의 힘을 보호함을 어린아이 보살피듯 하면 선정의 힘을 쉽게 이룰 것이다.

대저 선정이라는 이 한 문이 가장 급한 수행의 일이 되니, 만약 선정으로 생각을 고요히 하지 못하면 이 속에 이르러 모두 망연해지리라. 그러므로 구슬을 찾으려면 물결을 고요히 해야 하니 물이 움직이면 구슬 찾기가 응당 어려울 것이요, 선정의 물이 맑고 깨끗하면 마음의 구슬은 스스로 드러날 것이다.

그러므로 『원각경』에 이르기를, "걸림 없는 청정한 지혜가 모두 선정에 의지해 생겨난다"라고 했으며, 『법화경』에 이르기를, "한가한 곳에 있으면서 그 마음 닦아 거두어 편히 머물러 움직이지 않음을 수미산처럼 하라"라고 하였다.

그러므로 마땅히 알아야 하니 범부를 초월하고 성현을 뛰어 넘으려면 반드시 고요함의 수행 조건을 빌려야 하고, 앉아서 벗고 서서 죽는 것[坐脫立亡]은 반드시 선정의 힘에 의지해야 한다. 한 생에 모두 이룬다 하더라도 오히려 헛디디어 넘어질까 두렵거늘 하물며 수행이 더디고 느리면 무엇으로 업業에 대적하겠는가.

그러므로 옛사람이 이르기를, "만약 선정의 힘이 없으면 죽음의 문에 달갑게 항복하며 눈 가리고 헛되이 돌아가 완연히 윤회의 물결 따라 흘러갈 것이다"라고 하였다. 바라건대 참선하는 모든 벗들은 이 글을 하루에 세 번 거듭 읽어서 자신과 남을 모두 이롭게 하여 다 함께 바른 깨달음[正覺] 이루어지어이다.

2. 화두 수행

① 발심發心

부처님의 가르침은 삼계윤회를 벗어나서 해탈열반을 성취하게 하는 것이다. 『법화경』에 설하기를, 부처님은 일대사인연一大事因緣에 의해 이 땅에 오셨다고 하였다. 일대사인연이란 불지견佛知見을 개시오입開示悟入케 하는 것이다. 옛 조사가 말하기를 "생사사대生死事大 무상신속無常迅速"이라고 하였다. 태어나도 그 태어난 곳을 모르니 태어남의 일이 크고[生大], 죽어도 그 죽어 가는 곳을 모르니 죽음의 일이 크다[死大]. 중생의 목숨이 찰나지간에 달려 있어 무상이 신속하여 초로草露와 같음을 깊이 깨달아야 한다.

발심납자는 일대사인연을 깨달아 생사대사를 해결하기 위하여 발심, 수행해야 한다. 발심은 모든 공덕의 어머니요, 견성성불의 토대가 된다. 생사의 장야長夜에서 무상대도를 깨우치기 위하여 출가위승出家爲僧하였으니 머리에 붙은 불을 끄듯이 하루속히 직지견성直指見性하고 이

도중생利度衆生할 것을 발원해야 한다. 발심 없이 대도를 성취하고자 함은 대지에 종자를 심지 않고 열매를 거두려 함과 같다.

② 출가出家

삼세제불과 역대 조사는 모두 출가한 장부였다. 생사윤회에서 벗어나 해탈열반을 구하고자 욕망의 집을 나와 무위의 경계에 들었다. 출가는 깨달음에 이르는 지름길이다. 출가에는 삼종의 함의가 있으니 육친출가肉親出家, 오온출가五蘊出家, 법계출가法界出家가 그것이다. 애욕으로 맺어진 가족과의 세속적 인연을 끊는 것을 육친출가라 하며, 모든 육체적 욕망에서 떠남을 오온출가라 하며, 번뇌와 업인 무명에서 해탈하는 것이 법계출가이다.

『선문염송집』에는 출가에 대해 다음과 같이 설하고 있다.

> 제다가 존자가 처음으로 우바국다에게 가서 출가하기를 바라니, 우바국다가 물었다. 그대는 몸이 출가하느냐, 마음이 출가하느냐? 저는 그저 출가했을 뿐 몸과 마음을 위해서 이익을 구하는 것이 아닙니다. 몸과 마음을 위한 것이 아니라면 누가 출가를 하는가? 출가라는 것은 나와 내 것이 없습니다. 그러므로 마음이 생멸하지 않고 마음이 생멸하지 않는 것이 곧 항상한 도이기 때문에 부처님도 항상 합니다. 마음은 형상이 없고 그 몸도 그러합니다.

몸도 마음도 아니라면 누가 출가를 하는가. 항상한 부처의 도는 불생이요, 불멸이다.『죽창수필』에 의하면 출가에는 사료간이 있다. 첫째는 출가의 출가요, 둘째는 재가의 출가요, 셋째는 출가의 재가요, 넷째는 재가의 재가다. 출가의 출가란 오욕의 집착에서 벗어나 출가사문이 되어 생사대사를 해탈하고 일체 중생을 제도하는 것이요, 재가의 출가는 비록 세속에 머물러 있지만, 욕망과 집착에서 벗어나 보리심에 머물러 생사와 해탈이 둘이 아님을 체득하는 것이다. 그리고 출가의 재가는 비록 몸은 출가하였으나 세속을 그리워하고 탐·진·치, 삼독에서 벗어나지 못하여 유위의 업을 쌓아 가는 것이다. 재가의 재가는 불·법·승, 삼보를 알지 못하고 영원히 생사 가운데 머물러 생사해탈의 무위법을 구하지 않는 것이다. 모름지기 간화행자는 출가의 출가자요, 재가의 출가자로서 정법안장과 열반묘심을 성취하여야 한다.

지공誌公 선사는 「십이시송十二時頌」에서 다음과 같이 일렀다.

> 도를 배움에 먼저 반드시 가난함을 싫어하지 마라. 모습 있음[有相]은 본래 거짓 쌓아 모음이니, 모습이 없는데 어찌 참됨을 따로 두겠는가. 깨끗함을 지어 오히려 정신을 괴롭히니, 어리석음을 인정하여 가까이 하지 말라. 말 아래 구함이 없어 머물 곳 없어지면, 잠깐 사이 출가한 사람이라 부르리라.

이처럼 집을 나와 머리 깎고 가사를 걸친 자가 출가인이 아니라, 언어에서 언어를 여의고 모습에서 모습 떠나 머무는 바 없는 이가 진정한 출가인이다.

③ 정견正見

발심출가하여 간화선에 입문하고자 하는 수행자는 반드시 정견의 안목을 갖추어야 한다. 임제 선사는 일찍이 참선 수행자들에게 진정견해眞正見解를 갖출 것을 주장하고 있다. 이른바 정견의 안목이라 말하는 진정견해가 바로 중도정관인 것이다.

부처님께서 설하신 연기緣起, 무아無我, 무상無常의 도리와 대승불교에서 말하는 공空, 중도, 반야般若, 불성佛性 사상에 기초한 연기적 인생관과 세계관의 정립 없이 화두를 참구하게 되면 수행에 전인격이 투영될 수 없다.

또한 주인공主人公 혹은 본래면목本來面目 등의 선적 언어표현에 오해를 불러 일으켜 번뇌망념을 넘어 소소영령昭昭靈靈한 실체적 자아[아트만, ātman]를 찾는 것을 참선이라 착각하거나, 무사적정의 무기공無記空의 경계에 안주하는 것을 선정삼매禪定三昧로 오인할 수 있다. 아울러 선을 신비한 영적 체험으로 잘못 이해할 수도 있다. 즉 철저한 중도정관의 정립 없이 참선을 하면 삿된 길[邪道]로 빠져들어 자신도 망치고 주위 사람들에게도 피해를 주게 된다.

선종은 "자성청정自性淸淨"의 중도를 깨닫는 것이 선의 요체라고 말한다. 혜능은 『육조단경』에서 "자성이 청정함을 단박에 깨닫는 것[頓悟自性淸淨]"이 돈오선의 심지법문이라고 설하고 있다. 즉 자성이 청정함을 깨닫는 것이 바로 견성見性이니, 자성청정이란 곧 중도에 다름 아니다. 중도를 깨닫는 것이 곧 견성성불이다. 그러므로 『육조단경』에서 제자들에게 최후설법으로 삼과법문三科法門과 삼십육대법三十六對法의 중도법을 설하고 있는 것이다. 조계는 이 중도법문이 선종의 근본 종지라고 말하고 있다.

천태종에서는 "한 개의 색, 한 개의 향이 중도 아님이 없다[一色一香無非中道]"라고 하였으니, 이러한 중도를 깨달아야 진정한 본색납자本色衲子라 할 수 있을 것이다. 현사사비玄沙師備 또한 말하기를, "바깥의 티끌 경계를 마주해서는 죽은 나무나 꺼진 재처럼 되었다가, 마음을 써야 할 때에 가서는 중도를 잃지 말아야 한다. 거울이 모든 물체를 비추지만 스스로 빛을 잃지 않고, 새가 공중을 날면서도 하늘 바탕을 더럽히지 않는 것과 같이 하라"라고 하였다.

간화종장인 대혜도 『서장書狀』에서 사구백비四句百非를 떠난 중도적 사고의 토대 위에서 화두를 참구할 것을 강조하고 있다. 사구백비를 벗어나야 "모든 법이 실로 있다[實有]"라거나, "모든 법이 실로 없다[實無]"라거나, "모든 법이 있기도 하고 없기도 하다[亦有亦無]"라거나, "모든 법이 있는 것도 아니요, 없는 것도 아니다[非有非無]"라고 하는 데 빠진 외도의 장애를 받지 않고 중도정관을 바로 수행할 수 있다고 설하고 있다. 즉 선이란 모든 개념적인 틀을 부수고 반야직관에 의한 중도정관으로 자아와 세계에 대한 진정견해眞正見解를 획득하는 것이다. 그러므로 중도정관은 참선 수행의 제일 전제라 할 수 있다. 중도정관에 의한 정념正念의 바탕 위에서 참선을 해야 이단외도의 길로 빠지지 않게 된다.

④ 참문參問

정견이 서 있는 납자는 선지식을 참문해야 한다. 조사선과 간화선의 특징 가운데 가장 뛰어난 점이 일대일一對一의 접인방법이다. 선문답을 통해 스승과 제자, 선지식과 참문자가 면전에서 수기교수隨機敎授하여 근기에 따른 맞춤교육을 실시하게 된다. 이러한 전면적 계발을 통해 수증의 기연을 촉발하는 것이다. 그러므로 선지식의 역할과 참문자의 진정성이 대단히 중요하다.

선지식에는 외호外護선지식, 동행同行선지식, 교수敎授선지식이 있다. 외호선지식과 동행선지식의 외호와 탁마에 의하여 반드시 교수선지식인 명안종사明眼宗師를 참방하여 법을 물어야 한다. 선지식이란 안목과 덕행을 갖추고 정도正道로 인도하여 정법을 깨닫게 해 주는 스승을 말한다. 선지식은 납자에게 수증방편을 제시하고, 참문납자의 수행이력과 발심 상태를 관찰하여 오도개안悟道開眼에 이르게 한다.

근대 선문의 선지식이신 만공 선사도 참선 공부를 제대로 하기 위해서는 도량道場, 도반道伴, 도사導師의 세 가지 요건을 갖추어야 한다고 말하였다. 수행에 가장 적합한 도량은 외호선지식이며, 함께 탁마해 가는 도반은 동행선지식이며, 수증의 정도正道를 인도해 주는 스승은 교수선지식을 말한다. 이 가운데에 납자를 깨달음으로 인도하는 스승의 역할이 가장 요긴하다. 선지식의 가르침 없이 도를 성취한 사람은 아무도 없다. 뿐만 아니라, 선지식에 대한 확고한 믿음 없이 무상대도를 이룬 경우도 없다.

⑤ 결택決擇

수행납자가 선지식을 참문하면 선지식은 순역順逆방편으로 접인하고 근기를 파악하여 지도한다. 참문자는 간절한 마음으로 생사해탈에 대한 길을 물어야 한다. 조사선의 진면목에서 보면, 상근납자는 한 구절의 말 아래 바로 깨달아 백억 법문을 뛰어넘을 수 있으며, 한번 뛰어넘어 바로 여래의 지위에 들어가나[一超直入如來地], 중하근기의 사람은 근기와 인연에 따라 하나의 공안을 결택받아 참구해야 한다.

이때 선지식은 납자의 수행기연과 이력을 세밀히 관찰하여 화두를 결택해 주어야 한다. 화두는 우주와 인생에 대한 간절한 문제의식에 입각한 현성공안現成公案으로 간택해야 한다. 납자 자신의 현실인식에 바탕을 둔, 즉 생사윤회에서 벗어나고자 하는 절체절명의 생사화두生死話頭여야만 현성공안이 될 수 있다.

무상대도를 성취하고자 발심하고 출가하여 정견을 확립한 납자는, 스스로 우주와 인생 그리고 생사에 대한 내면의 깊은 성찰이 이루어진다. 자신의 내면에서 끓어오르는 사무치는 물음이 현성될 때 선지식의 도움을 요청해야 한다.

아무리 옛 조사의 깨달음에 바탕을 둔 1,700공안이라 할지라도 수행납자에게 현실적이고 구체적인 의심이 이루어지지 않는다면, 이는 사구死句·죽은 말귀가 되어 현성공안이 될 수 없다. 따라서 선지식은 수행자 자신이 철두철미하게 의심이 될 수 있는 자연自然화두, 즉 활구活句·산 말귀를 결택해 주어야 한다.

⑥ 참구參究

어떤 것이 공겁 이전의 자기인가? 현성공안에 의해 화두를 간택한 납자는 간단없이 참구해야 한다. 납자는 조사가 제시하고 스스로 격발한 근원적 문제의식에 바탕을 둔 의심, 즉 활구를 하루 24시간 끊어짐 없이 제시提撕해야 한다. 납자는 오로지 화두에 전심전력할 뿐, 화두 이외에 마음을 두어서는 안 된다. 생각 생각에 간절히 화두에 대한 의단을 형성하여 순일무잡純一無雜한 경계에 이르러 화두삼매에 들어야 한다.

대혜 선사는 화두참구를 세 단계로 구분하고 있는데, 첫째 화두에 대한 의정을 일으키고, 둘째 화두를 간단없이 참구해야 하고, 셋째 번뇌망념을 끊고 투철히 깨달음이다. 화두에 대한 의심은 이 문제를 해결해야 되겠다는 갈등, 의심, 곤혹이 한 덩어리가 되어야 한다.

참구의 방법은 이른바 "화두를 본다[看話]"는 것인데, 여기서 화두[話]를 본다[看]는 것은 화두를 관觀한다는 뜻이 아니라, "화두를 의심한다"라는 말이니 화두에 대한 의심을 참구하는 것이다. 의심하고 의심하여 만 가지 의심이 하나의 의심이 되어야 비로소 타성일편打成一片이 될 수 있다. 옛 조사가 말하기를 "큰 의심에 크게 깨닫고[大疑大悟], 작은 의심에 작게 깨닫고[小疑小悟], 의심이 없으면 깨달음도 없다[無疑無悟]"라고 하였다.

그런데 화두를 참구할 때에는 반드시 활구를 참구하여야 한다. 알음알이 분별로 해석할 수 있는 말을 사구라 하고, 일체의 분별망념을 초월하여 언어의 길이 끊어지고 생각의 길마저 끊어진 것을 활구라 한다. 원오 선사는 "활구 아래에서 깨달으면 영겁토록 매하지 않고, 사구

아래에서 깨달으면 자기마저도 구제하지 못하니, 만약 조사와 부처와 더불어 스승이 되고자 한다면 반드시 활구를 밝혀야 한다"라고 활구의 중요성을 강조하였다. 이렇듯 본분납자는 활구를 참구하여 사량분별을 여의고, 행주좌와하는 일상생활 가운데서 끊임없이 이어지게 하여 깨달음에 이르도록 해야 한다.

간화의 방법론에서 가장 귀히 여기는 것이 납자가 스스로 의정을 일으켜 스스로 깨닫게 하는 것이다. 간절하고 사무치는 의심이 없이 화두한다고 앉아서 망념으로 자산을 삼고 이 궁리 저 궁리로 세월을 보내며, 시은을 축낸 것만큼 아만我慢만 높아진다면 무엇으로 염라노자의 밥값을 치르겠는가.

중생을 바꾸어 부처가 되는 일이 결코 쉬운 일은 아니다. 억천만겁 내려오는 번뇌망념을 돌이켜 화두일념으로 나아가는 것은 지난한 일임에 틀림없다. 그러나 하면 된다. 하지 않으니 안 되는 것이지 하면 되게 되어 있다. 참구하고 또 참구하여 일념만년一念萬年이 되게 해야 한다. 고봉 원묘 선사는 화두참구에 있어서 세 가지 중요한 요건을 설하고 있으니, 이것이 바로 삼요三要라고 불리는 신심과 분심과 의심이다. 이 삼요를 갖추어 타성일편을 이루어야 한다.

⑦ 탁마琢磨

조주 선사가 말하기를 "10세의 어린 사미라도 나보다 나으면 기꺼이 배우고, 100세의 노인이라도 나보다 못하면 기꺼이 가르쳐야 한다"라고 하였다. 순역경계를 당하여 항상 화두가 여일한 가운데, 널리 배우고 가르쳐 공부를 더욱 순숙되게 하고 참구를 여물게 해야 한다.

오늘날 납자의 일각에서 탁마의 정신을 망각하고 상대와 세상에 대한 허물로 허송세월하는 풍조가 만연하고 있다. 본색납자는 자기의 허물을 볼지언정 남의 허물에 대해 시비하지 않으며 도류道類와 더불어 항상 탁마하여야 한다.

서산 대사는 일찍이 "차라리 영겁 동안 생사에 윤회하더라도 모든 성인의 해탈을 구하지 않는 것이 선가의 안목이요, 다른 사람의 잘못을 보지 않고 항상 자기의 허물을 보는 것이 선가의 수족手足이다"라고 말했다.

선가의 안목에 의거하여 수선탁마修禪琢磨하며 일체 생명을 보살피고, 선가의 수족에 의거하여 상대의 허물을 보되 나의 허물로 돌리고, 나의 장점을 보되 상대의 장점으로 돌리고, 그 장단점의 양변을 모두 초월하여 중도의 입장에서 절차탁마切磋琢磨해야 한다.

순경계에서 화두참구가 순일하더라도 역경계를 당하여 흩어져 버린다면, 화두일념이 될 수 없다. 순·역경계 어디서나 성성적적하게 끊어지지 않아야 의단이 독로하여 조관祖關을 투과할 수 있다.

탁마가 사라져 버린 선방은 적막하여 생명력이 없다. 오늘날 수선납자들은 진정으로 깨닫고자 한다면 일체 상을 놓아 버리고 간절한 마음으로 탁마의 장을 만들어 가야 할 것이다. 문답과 격발 그리고 거량의 탁마가 살아 숨 쉬는 선불장에서만이 부처를 뽑을 수 있다.

⑧ 행각行脚

납자는 수행정진을 위하여 여러 선지식을 참방하고 도반과 더불어 탁마하기 위하여 행각을 할 수 있다. 행각은 만행과 더불어 단순한 여행이 아니다. 옛 조사가 말하기를 "하루 종일 밥을 먹어도 한 톨의 쌀알을 씹은 바 없고, 하루 종일 돌아다녀도 한 뼘의 땅을 밟은 바 없다"라고 하였다. 이렇듯 수행자는 보아도 본 바가 없고, 들어도 들은 바가 없어 일체 경계에 끄달리지 않아 오로지 여여하게 본분사를 지켜 나가야 한다.

행각 중에는 되도록 번거로운 일을 피하고 오로지 화두일념으로 일체 경계를 수용하되 경계에 매몰되지 않고, 수연자재隨緣自在하게 공부를 지어가야 한다. 행각 중에는 항상 계·정·혜, 삼학을 등지等持하고, 육바라밀을 호지하는 대승보살로서의 본분납자임을 망각해서는 안 된다.

아울러 동정이 여일한 공부를 지어 가야 한다. 일찍이 승조 법사가 아래와 같이 말해 주지 않았던가.

> 대저 생과 사가 번갈아 들고 추위와 더위가 바뀐다. 물질이 유동하는 것은 사람의 예사로운 감정이나, 나는 그렇지 않다 하노라. 왜냐하면 『방광경』에서 법은 가고 옴이 없고, 움직이고 바뀜이 없다고 했기 때문이다. 움직이지 않는 작용을 찾음에 어찌 움직임을 버리고 고요함을 구하랴. 반드시 고요함을 움직임 속에서 구하며, 움직임을 버리지 않고 고요함을 구하므로 비록 고요하나 움직임을 여의지 않는다. 이와 같이 움직임

과 고요함이 애초에 다르지 않거늘 미혹한 이는 같지 않다고 여긴다.

혜능 조사 또한 말하기를, "고요한 가운데 고요함은 참 고요함이 아니요, 움직이는 가운데 고요함이 참다운 고요함이다"라고 하였다. 행각과 좌선이 둘이 아님을 지어 가는 것이 참다운 공부이다.

⑨ 삼매三昧

화두를 들지 않아도 들리고 떨쳐내어도 떨쳐지지 않아 저절로 의정이 현전하게 되면 이를 자연화두自然話頭라 한다. 고요한 가운데 또렷또렷하고[寂寂惺惺], 또렷또렷한 가운데 적적한[惺惺寂寂] 때에 이르러 몸과 마음과 경계가 한결같아, 동정일여動靜一如하고 몽중일여夢中一如하고 오매일여寤寐一如한 화두삼매에 들게 된다. 여기서 말하는 일여一如는 "화두가 끊어짐 없이 늘 한결같다"라는 의미이다.

동정일여란, 움직일 때나 고요할 때나 간단없이 지속적으로 의정이 드러나는 것을 말한다. 몽중일여란 화두가 잠잘 때 꿈 가운데서도 한결같음을 의미하고, 오매일여란 깨어 있을 때나 깊은 잠을 잘 때에도 의심이 지속되는 것을 가리킨다.

언제 어디서나 생사심生死心이 끊어지고 의심하지 않아도 저절로 의심이 되어, 마치 여울물에 비친 달과 같아 부딪쳐도 흩어지지 않고, 헤쳐도 없어지지 않는 때에 이르면 세월이 얼마 남지 않았음을 알 수 있다.

다시 말하면, 화두할 때 화두함[能]과 화두되어짐[所]이 하나 되어 능소能所가 끊어져 동과 정이 일여하고 오와 매가 일여일 때를 동정일여, 오매일여의 경지라고 표현한 것이다. 저 화두가 일여한 경지에 이르러 화두하는 자도 없고[能空], 화두함도 없으니[所空] 움직임과 고요함, 밝음과 어두움이 함께 공하여 실로 한 법도 얻을 것이 없으니 움직이는 가운데 고요함이 있고, 고요함 가운데 움직임이 있으며, 밝음 가운데 어두움이 있고 어두움 가운데 밝음이 있는 것이다.

이때가 바로 움직임도 없고 고요함도 없으며, 깨어 있음도 없으며 잠듦도 없는 화두삼매일 뿐이다. 쌍림의 부대사는 이렇게 삼매의 경지를 노래하고 있다.

空手把鋤頭 공수파서두
步行騎水牛 보행기수우
人從橋上過 인종교상과
橋流水不流 교류수불류

빈손에 호미자루를 쥐고
걸어가면서 물소를 타네
사람이 다리 위를 지나가는데
다리는 흐르고 물은 흐르지 않네.

⑩ 거량擧量

화두 수행 중에 힘을 얻은 바가 있으면 공부가 얼마나 진척되었는지 점검받기 위하여 스승에게 수행을 점검받는 법거량法擧量을 할 수 있다.

간화선에서는 화두 수행이 제대로 진행되고 순숙되고 있는지 스승을 찾아가 자신의 공부 상황과 화두를 타파했는지 검증받는다. 여러 유형의 물음과 검증이 있을 수 있지만, 깨달음의 정사正邪를 판별하기 때문에 통칭하여 법거량이라 한다.

법거량은 스승과 제자가 비밀스럽게 일대일로 면대하여 이루어지는 경우도 있지만, 공개적으로 대중 앞에서 단독 혹은 여럿이 문답을 통해 확인하는 경우도 있다. 이때의 문답은 즉문즉답卽問卽答으로 진행되며, 문답이 격내格內와 격외格外의 언어와 행동으로 이루어지기도 한다. 어떠한 경우에도 거량은 법을 구하는 자세와 깨달음으로 인도하는 진실된 마음이 합해져 향상일로로 나아가게 해야 한다.

⑪ 점검點檢

납자는 수행정진하는 중에 방장, 조실, 선덕 등 선지식을 참방하여 자신의 공부를 점검해야 한다. 특히 안거 중에는 입실하여 공부에 미진한 점과 막힌 부분을 묻고 정로를 지시받아야 한다. 수행자는 때때로 선지식을 찾아가 공부가 제대로 되고 있는지, 잘못된 길로 가고 있지는 않은지, 고칠 점과 보완할 점을 일일이 여쭈어 스승의 지도에 따라 시정하여 공부가 무르익도록 점검받아야 한다.

이때 선지식은 수행 과정에서 신심과 원력의 문제, 공부 중에 부딪치는 여러 가지 경계의 문제, 병통에 대처하는 방법, 참구를 깊고 면밀하게 하는 방법 등에 대하여 지도해 주며, 마지막 관문을 통과할 때까지 친절하고 자상하게 일러 주어야 한다.

이는 선지식의 지시점검을 받지 않고 홀로 공부할 경우 사도邪道에 빠지는 위험을 미연에 방지하기 위함이다. 그러므로 간화선에서는 선지식과의 문답을 통한 점검을 매우 귀하게 여긴다.

⑫ 인가認可

인가는 수행자가 화두를 타파하였는지를 점검하여 깨달음을 인정하고 인정받아 수행의 마지막 관문을 통과하는 것이다. 즉 수행자가 화두 수행을 통해 견성오도見性悟道했을 때 선지식이 그 깨달음의 경계를 점검하고 올바로 깨달았으면 인가하여 점두點頭해 주는 것을 말한다.

간화선에서 깨달음의 정正과 사邪를 판별할 수 있는 객관적 기준은 없으므로, 수행자가 각고의 수행정진 끝에 깨달음을 성취하였을 때, 선지식의 인가점두를 통하여 객관적 인정을 획득하게 된다.

선지식은 철저한 점검을 통하여 인가함으로 수행자가 작은 지견에 빠지거나 착각도인에 빠지지 않게 하여야 한다. 그러므로 수행자는 자신이 체득한 깨달음에 대한 확신이 있어도, 옳고 그름을 확인하는 마지막 절차인 인가를 받아야 하는 것이다. 인가받지 않은 무사도인無師道人은 자칫 외도와 사도에 빠질 수 있다. 위음왕불 이후 인가받지 않은 불조는 없으니, 인가를 받지 않으면 천연외도天然外道일 뿐이다.

예로부터 설사 깨달음을 얻어 인가를 받았다 하더라도 더욱 정진하여 보림保任에 힘쓰는 전통이 내려오고 있다. 조그마한 경지를 얻었다고 인가도 받지 않고 보림도 없이 함부로 망동하게 되면, 자신도 망치고 타인도 그릇된 길로 인도하게 된다.

『선문단련설』에도 다음과 같이 경고하고 있다.

참으로 조계의 정맥이 근원이 깊고 지류가 길며, 열조列祖의 혜명을 올바르게 전하고 받기를 원한다면, 법을 전함에 있어서 꼭 부촉할 이에게 부촉하고 신중히 하고 거듭 신중히 하여 성벽과 같이 튼튼하고 태산과 같이 엄준하여, 그림자를 보고 메아리를 들은 자가 한 번 전하고 다시 전해서 불법이 점차 붕괴되어 혼란에 빠지지 않게 하며, 법문이 망하는 지경에 이르지 않게 해야 한다.

⑬ 화도化度

수행자가 견성성불하기 위하여 수행정진하는 것과 일체 중생을 이익하게 하는 것은 결코 두 가지 일이 아니다. 항상 화두를 참구하고 널리 중생을 제도하는 두 수레바퀴를 굴려 지혜와 자비를 함께 수행하는 비지쌍운悲智雙運, 복혜쌍수福慧雙修의 가풍을 진작해야 한다.

수행 가운데서도 이러할진대 깨달음을 성취한 연후 육도중생을 널리 구제함은 대승보살의 비원일 것이다. 〈심우도〉에서도 깨달음을 얻고 난 후[返本還源] 마지막으로 중생의 삶의 현장인 저잣거리로 나아가[垂手入廛] 화광동진和光同塵할 것을 설하고 있다.

어떤 간화행자는 공안을 타파하여 견성성불을 한 뒤에 산을 나와 중생을 제도해야 한다고 말한다. 중생이 본래 중생이 아니고, 부처가 본래 부처가 아닐진대, 중생이 화두하는 그 첫 자리가 곧 부처의 구경자리인지라 구경의 과덕果德이 초심행자의 첫 발심의 땅에 이미 현전해 있는 것이다.

그러므로 남종선에서는 "비록 내가 깨닫지 못했다 하더라도 먼저 다른 이를 깨닫게 하라"고 주장하면서 『열반경』을 인용해 다음과 같이 말하고 있다.

> 발심과 깨달음은 둘이 아니다. 이 둘 중 발심하기가 더욱 어렵다. 내가 아직 도를 이루지 못했더라도, 먼저 다른 이를 제도하라. 그러므로 초발심에 경례하는 것이다. 초발심은 이미 인천의 스승이라 성문과 연각을 뛰어넘는다.

중국의 조사선과 달리 한국선종의 종풍은 늘 선과 화엄의 결합으로 나타나고 있다. 선의 견성성불과 화엄의 보현행원이 결합하여 선 수행과 보현행원이 일치하는 선엄일치禪嚴一致의 가풍을 유지해 왔다. 선엄일치에서 주장된 심지법문이 바로 견성성불과 요익중생이다.

우리 시대 선사 아홉 분의 간화선 법문
해 뜨니 낮이요, 달 뜨니 밤이로다

초판 1쇄 펴냄 2015년 01월 30일
초판 2쇄 펴냄 2015년 02월 23일

| 기   획 | 불교신문
| 엮은곳 | (재)대한불교조계종 선원수좌복지회
| 발행인 | 이자승
| 편집인 | 김용환
| 펴낸곳 | (주)조계종출판사

| 편   집 | 김재호, 오유진, 김소영
| 디자인 | 오시현, 윤나라
| 제   작 | 윤찬목, 인병철
| 마케팅 | 김영관

| 출판등록 | 제300-2007-78호(2007.04.27)
| 주   소 | 서울 종로구 우정국로 67 대한불교조계종 전법회관 7층
| 전   화 | 02-720-6107~9   팩 스 | 02-733-6708
| 홈페이지 | www.jogyebook.com
| 도서보급 | 서적총판사업부 02-998-5847
| 구입문의 | 불교전문서점 02-2031-2070~3 / www.jbbook.co.kr

ⓒ 불교신문·대한불교조계종 선원수좌복지회, 2015

ISBN 979-11-5580-029-4 03220

* 책값은 뒤표지에 있습니다.
* 저작권법에 의하여 보호를 받는 저작물이므로 무단으로 복사, 전재하거나 변형하여 사용할 수 없습니다.
* (주)조계종출판사의 수익금은 포교·교육 기금으로 활용됩니다.
* 이 도서의 국립중앙도서관 출판예정도서목록(CIP)은 서지정보유통지원시스템 홈페이지(http://seoji.nl.go.kr)와 국가
   자료공동목록시스템(http://www.nl.go.kr/kolisnet)에서 이용하실 수 있습니다.(CIP제어번호: CIP2015000502)